데이터
프라이버시

데이터
프라이버시

니훌케이저이신문 데이터경제취재팀 지음
전성영 옮김 | 손승한 감수

개인 생활과
사회를 위협하는
기술에 관한 탐사기

머스트
리드북

일러두기

1. 이 책은 《니혼게이자이신문》과 닛케이 온라인판에 게재된 기사를 가필 수정하여 재구성했으며 일부는 새로 썼습니다. 등장인물의 직위와 나이 등은 원칙적으로 취재 당시의 것을 사용했습니다.

2. 환율은 2020년 4월 기준으로 100엔 = 1100원을 적용했습니다.

데이터의 세기에 생각하는 데이터의 양면성

데이터의 세기이다. 데이터는 21세기의 원유라 불리며 기존 석유나 금융자본을 대체하는 경제의 필수 요소로 부상했다. 우리가 일상생활이나 비즈니스 관계에서 생성한 다양한 정보는 매 순간 데이터로 변환돼 세상의 변화를 가속한다. 데이터 기반 인공지능AI 알고리즘 시스템은 설계자조차 상상 못 했던 폭발적 부가가치를 만들어낸다. 빅데이터와 인공지능의 신속성과 정확성은 인간의 일자리에 대한 위협을 넘어 실존적 위기마저 불러올 정도이다. 지금까지 강조돼온 데이터의 모습이다.

그러나 이토록 막강한 데이터가 수많은 차별과 편견을 낳고 갖가지 오류를 불러일으키고 있다는 사실을 아는 이는 많지 않다. 미국에선 구글 알고리즘이 포토 애플리케이션에서 흑인의 사진 데이터에 '사람human'이 아닌 '유인원apes', '동물animal'과 같은 단어를 자동 태그한 사실이 밝혀지면서 사회적 파장을 일으켰다. 아마존이 개발한 인공지능 채용 시스템은 입사 전형에서 '여성' 지원자의 데이터를 완전히 배제하는 결과를 도출하면서 결국 폐기되기에 이르렀다. 이런 일들의 연장선상에서 데이터의 편향과 오류에 관한 관심이 촉발되기 시작했다. 기업들은 무너진 신뢰 회복을 위해 자체 윤리 규범이나 지침을 만드는 한편 정부에도 관련 기술 규제를 촉구하고 나섰다.

『데이터 프라이버시』의 저자 니혼게이자이신문 데이터경제취재반은 이런 이슈가 미국에 국한되지 않음을 기자 특유의 기민한 취재 감각을 통해 생생하게 보여준다. 일례로 최근 일본의 취업 정보 회사 리쿠르트그룹은 그들이 보유한 취업 준비생의 데이터를 정보 주체의 동의 없이 기업에 판매한 사실이 드러나 세간의 질타를 받았다. 그런데 이들이 판매한 데이터는 단순 개인정보가 아니라 데이터 알고리즘이 지원자의 최종 입사 여부를 수치로 도출하여 예측한 데이터였다.

"내 삶이 결국 데이터 알고리즘에 좌우되었다는 사실에 자괴감을 느낀다." 이 회사 저 회사에 아무리 지원을 해봐도 서류 전형조차 통과하지 못했다며 심정을 토로하는 어느 취업 준비생의 한탄은 쓸쓸한 여운을 남긴다. 뒤늦게 일본 정부가 사태 수습에 나서서 직업안정법과 개인정보보호법령 등에 근거해 행정지도 결정을 내렸다. 하지만 이 사건은 기업이 데이터를 활용하는 방식과 범위에 대한 위험성을 경고한 사례로 기록되었다.

기자인 저자들은 이런 르포형의 탐사 취재 외에도 데이터와 관련한 여러 토픽에 대해 간결한 설명을 덧붙이고 있다. 그 분야는 교통카드 스이카Suica에 축적되는 승하차 데이터를 외부에 판매하려다 적발된 문제부터 HR 테크, 페이크 리뷰, 표적형 사이버 공격, 안면 인식 기술 등 그야말로 종횡무진이다. 그만큼 데이터와 관련한 최신 이슈를 발 빠르게 추적하고 있다는 이야기겠다. 데이터 활용과 관련한 유럽의 일반개인정보보호법GDPR이나 일본과 미국의 법제도에 관한 이야기도 곳곳에 녹아 있는데, 이를 우리 법제도와 비교해보는 것도 관심 있는 분들에게 의미 있으리라 보인다.

빅데이터와 인공지능 기술은 분명 우리 사회가 직면한 많은 문제와 과제를 해결할 잠재력을 지녔다. 그러나 그 잠재력이 제대로 발휘되어 이용자에게 지속 가능한 편익을 제공할 수 있으려면 보안, 프라이버시, 투명성, 책임성, 포용성 등 윤리적·법제도적 문제에 관한 충분한 성찰이 뒷받침돼야 한다. 이용자가 신뢰하지 못하는 기술은 결국 외면당할 수밖에 없기 때문이다. 최근 글로벌 테크 기업이 앞다투어 자체 규범을 마련하거나 정부에 관련 규제를 요구하는 것도 결국은 같은 맥락이라 하겠다. 이 책은 이런 윤리적 인공지능, 지속 가능한 인공지능에 관한 논의의 토대를 쌓는 과정에서도 유용한 기초 자료가 될 것이다.

현재 데이터와 인공지능의 윤리적·법제도적 문제에 관한 논의는 일본이라는 국경을 훌쩍 뛰어넘어 전 세계에서 뜨거운 이슈이다. 동시대를 살아가는 지구촌 시민으로서 우리 사회에도 분명 매우 유용하고 적절한 문제 제기가 되리라 생각한다. 데이터에 기반한 의사결정 시스템이 일상생활 전반을 바꾸는 지금, 우리는 이 책에서 다루는 데이터의 양면성을 명확히 인식하고 있는지 진지하게 고민해야 할 때이다. 인공지능 기술의 고도화로 자칫 간과되기 쉬운 정보 주체의 권리 보호와 데이터 윤리에 관해 성찰하게 만드는 책이다.

손승현, IT 전문 변호사, 법무법인 101

서문
데이터 프라이버시 구하기

　무언가 터무니없이 큰일이 일어나고 있다. 하지만 무엇이 어떻게 바뀌고 있는지 간단히 설명하기는 어렵다. 어차피 먼 나라 이야기일지도 모른다. 우리 데이터경제취재반도 처음에는 반신반의하는 마음이었다.

　「데이터의 세기 データの世紀」의 지면 연재는 2018년 4월에 시작되었다. 직전에 미국의 대형 소셜미디어 페이스북에서 다량의 개인정보가 부정 유출된 사실이 드러났다. 그 영향이 한창 번져가는 시기였다.

　미국과 유럽으로 날아간 기자들에게서 잇따라 취재 보고가 들어왔다. 페이스북에서 유출된 개인정보는 자그마치 8천700만 명분. 개인정보가 넘겨진 곳은 선거 자문 사업을 펼치던 영국의 정치 컨설팅회사 케임브리지 애널리티카^{Cambridge Analytica}였다.

최신 데이터 분석 기술을 쓰면 소셜미디어에 올린 글이나 사진, '좋아요'를 누른 경향에서 그 사람의 취미와 가치관까지 알아낼 수 있다. 케임브리지 애널리티카는 다량으로 모은 개인정보를 이용하여 유권자 한 사람 한 사람의 '마음'을 움직일 만한 정치 광고를 전개했다.

기술적으로는 대규모 여론 조작도 가능하다고 한다. 이 회사 간부는 "1인당 5천 개의 다양한 관점에서 개인을 공략할 수 있다"라고 밝혔다. 도널드 트럼프 대통령이 탄생한 2016년의 미국 대통령 선거, 영국의 유럽연합^{EU} 탈퇴를 묻는 국민투표에서 은밀히 활약했다는 의심도 제기되었다.

우리 중 한 기자는 영국 하원 위원회에 소환된 케임브리지 애널리티카 전 직원의 증언을 듣고 깜짝 놀랐다. "만일 EU 탈퇴 투표에 관여하지 않았다면?"이라는 질문에 그가 담담한 어조로 이렇게 대답했기 때문이다.

"결과는 달라졌을지도 모릅니다."

저자들 전원의 눈빛이 달라졌고, 취재는 단숨에 진행되었다.

개인의 사생활을 짓밟는 기술

개인의 인터넷상 행동, 기업의 생산과 물류가 만들어내는 방대한 데이터 자원은 21세기의 '새로운 석유'로 불린다. 빅데이터나 인공지능, 온갖 사물이 인터넷에 연결되는 사물인터넷IoT 같은 인터넷 사회를 지탱하는 신기술도 맹렬한 속도로 진화하고 있다. 이런 정보기술IT의 눈부신 발전은 국가 경제와 사회에 다양한 혜택을 가져다준다.

그 선두를 달리는 것이 'GAFA'라고 불리는 미국의 4대 정보기술 기업 구글, 애플, 페이스북, 아마존이다. 네 회사는 과거 10년 동안 400개가 넘는 경쟁기업을 사들였다. 매출액의 합계는 약 9배로 늘어 스웨덴이나 벨기에의 국내총생산GDP을 능가하는 수준에 이르렀다.

세계는 데이터의 세기로 접어들었다. 새로운 자원과 테크놀로지를 둘러싼 쟁탈전이 격화하고 있으며, 그것이 세계 각국의 부침을 좌우한다. 연재 기사 제목을 「데이터의 세기」로 한 것도 그런 변혁이 특히 향후 국가의 경제성장에 꼭 필요한 요소라고 보았기 때문이다.

그러나 한편으로 무언가 미심쩍은 부분이 있다. 페이스북의 정보 유출 문제에서 드러났듯이 서구에서는 개인정보를 이용한 여론 조작과 가짜 뉴스가 만연하여 민주주의가 흔들릴지도 모른다는 주장이 제기되고 있다. GAFA의 대두로 우리 생활이 마냥 편리해지기만 한 것도 아니다. 거대 정보기술 기업에 부富와 힘이 집중되는 '새로운 독점'의 폐해가 두드려졌다는 보고가 잇따르고 있다.

우리는 기업과 공공기관, 지식인층을 대상으로 취재를 거듭하며 연일 논쟁을 되풀이했다. 최신 사례를 추적하기 위해 미국과 유럽을 비롯해 중국, 인도, 동남아시아 등 세계 각지로 날아가 발로 뛰며 실태를 파헤쳤다. 그 결과 드러난 것이 데이터가 우리에게 가져다주는 양면성, 빛과 어둠이었다. 편리하고 풍요로운 인터넷 사회를 만드는 한편 개인의 생활과 사회를 갉아먹는 부작용도 무시할 수 없다.

악영향을 방지하면서 성장으로 이어갈 수 있는 조건은 무엇인가. 우리는 그 답을 찾아 탐사에 나섰다.

취재는 쉽지 않았다.

"나쁘게 쓴다면 취재에 응할 수 없다."

"일본에서는 위법이 아니다. 답할 의무가 없다."

개인정보의 처리 방침을 둘러싸고 기업을 취재할 때마다 반복되는 광경이다. 어느 회사나 데이터의 새로운 활용법이나 사업 계획은 당당하게 이야기한다. 하지만 화제가 개인정보를 다루는 책임이나 관리체제로 옮겨가면 담당자는 갑자기 입을 다물어버린다. 기업에 불편한 진실은 충실한 취재로 파헤쳐낼 수밖에 없었다.

그 한 가지 예가 6장에서 소개하는 "일본 주요 기업의 47퍼센트가 고지 없이 개인정보를 외부에 제공한다"라는 조사 결과이다. 우리는 주요 기업 사이트를 독자적으로 분석하여 절반 가까이가 정보가 공유되는 곳을 밝히지 않은 채 사용자의 인터넷 열람 이력, 단말기 정보 등 개인정보를 외부에 넘겼다는 사실을 밝혀냈다.

건전한 인터넷 사회를 위한 제언

화려한 첨단 사례만 소개해서는 급변하는 인터넷 사회의 전체상을 파악할 수 없다.

데이터 경제의 파도는 실로 엄청난 속도로 밀려오고 있다. 전 세계에서 1년 동안 생산되는 데이터의 양은 이미 기가(10억)의 1조 배를 의미하는 '제타'바이트의 규모에 이른다. 미국의 정보기술 시장 조사 업체 인터내셔널 데이터 코퍼레이션IDC의 예측에 따르면 2025년에는 163제타바이트로 2016년과 비교하여 10배 더 늘어난다. 77억 명에 달하는 전 세계인 한 사람 한 사람이 저마다 1년 동안 세계에서 가장 큰 미국 의회도서관 장서에 버금가는 데이터를 만들어내는 셈이다.

정보자원은 기하급수적으로 증식해간다. 하지만 인터넷 공간을 어지러이 떠도는 데이터 자체는 눈에 보이지 않는다. 세계에서 어떤 일이 분명 일어나고 있지만 그 변화를 포착하여 이해하기는 그리 쉽지 않다. 낯선 전문용어나 디지털 광고를 끼워 넣은 구조도 장벽이 되어 앞을 가로막는다.

복잡하고 난해한 데이터 경제의 최신 동향을 어떻게 해독하여 이해하기 쉽게 전달할 것인가. 시행착오를 거듭하며 다다른 것이 '나의 시점'에서 이야기하는 방법이었다. 일터에서 가정에서 하루하루 생활을 영위하는 한 개인으로서 우리는 어떤 영향을 받고, 향후 어떻게 대처해야 하는가. 누구나 일상에서 맞닥뜨리는 과제를 통해 데이터 경제의 영향을 그려낸다면 더 많은 독자가 실감나게 받아들일 수 있을지도 모른다.

이런 생각에 입각하여 우리는 전 세계에서 일반 사용자의 목소리를 되도록 많이 모으고, 때로는 기자들이 직접 자신을 재료 삼아 실험에 나서는 심층 취재도 적극 시도했다.

한 기자는 구글이나 페이스북 등을 전혀 사용하지 않는 "GAFA 없이 3주간 살기"에 도전했다(1장 참조). 사생활 보호를 위해 어디까지 편리함을 희생할 수 있는지 검증하는 것이 목적이었다. 생산성이 3분의 1로 줄어들고 일과 사생활에 지장이 생긴 실제 체험을 통해 GAFA의 영향이 얼마나 큰지 생생하게 그려냈다.

"트럼프 대통령의 가짜 동영상에 도전하다"(5장 참조)에서는 한 기자와 닛케이혁신연구소의 연구원이 공동으로 도널드 트럼프 미국 대통령의 가짜 동영상을 만들어보았다. '딥페이크Deepfakes'라고 불리는 기술을 활용했는데, 미국에서는 유명한 정치가나 경영자의 가짜 동영상이 널리 퍼져 문제가 되고 있다. 우리는 인터넷상에 공개된 동영상 제작 기술과 방법을 이용했다. 누구나 쉽게 가짜 동영상을 만들 수 있게 된 현실, 그 위태로움을 체험을 통해 전달했다.

일련의 보도는 소셜미디어 등 인터넷상에서도 큰 반향을 일으켰고, 인공지능을 비롯한 차세대 기술 분야 전문가, 개인정보 보호 법제와 헌법에 밝은 사람들 사이에 논쟁을 불러일으켰다. 보도로 밝혀진 사실은 때로 유력 기업의 데이터 활용 전략, 정부 관계 당국의 정책 결정에도 영향을 미쳤다. 우리 취재반이 건져 올린 사실이 데이터 경제를 성장에 활용하는 데 필요한 작은 처방전이 된다면 이보다 큰 기쁨은 없을 것이다.

2018년 5월에는 EU가 세계에서 가장 엄격한 일반개인정보보호법 GDPR, General Data Protection Regulation 을 시행했다. GAFA 규제에 신중했던 미국도 페이스북의 개인정보 유출 스캔들이 터진 후 규제를 강화하는 쪽으로 방향을 틀었다. 세계는 움직이고 있다. 우리도 늦어서는 안 된다.

2019년 8월, 우리는 일본의 취업 정보 사이트 '리쿠나비'를 운영하는 리쿠르트커리어(도쿄 지요다구 소재)가 학생에게 충분한 설명 없이 '내정사퇴율 예측 데이터'라는 중요한 개인정보를 기업에 판매한 사실을 파헤쳐 특집으로 보도했다. 그 정보를 사들인 회사 명단에는 도요타자동차, 미쓰비시전기 등 일본을 대표하는 대기업의 이름이 줄줄이 적혀 있었다.

기계인 인공지능이 사람을 차별할지도 모른다. 그런 시대는 이미 시작되었으며 누구에게나 먼 나라 이야기가 아니다. 어떻게 하면 건전한 인터넷 사회를 만들고 우리 일상을 편리하고 풍요롭게 할 수 있을까. 일단 리쿠나비 문제의 진상을 짚어보며 이야기를 시작하자.

차례

리쿠나비 문제의 충격

데이터에 의한 인간 선별

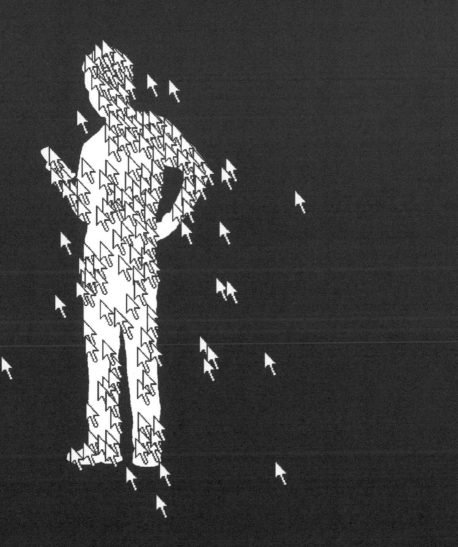

리쿠르트그룹이 취업 준비생들의 개인정보를

부적절한 형태로 기업에 판매한 문제가 발각되어

큰 비판을 받았다.

리쿠르트의 과오는 개인과 기업의

데이터를 이용해 새로운 부를 창출하는

데이터 경제의 어두운 단면을 보여주었다.

허락받지 못한 거래 ─────○

그 기묘한 데이터 판매 이야기가 처음 귀에 들어온 것은 2019년 4월 초였다.

"그러고 보니 얼마 전에 리쿠나비에서 좀 희한한 걸 팔겠다고 하더군요."

데이터를 인사에 활용한다는 주제로 취재차 찾아간 도쿄의 한 상장기업 본사 건물. 한 차례 취재를 마치고 잡담을 나누던 중 인사 담당자가 문득 입을 열었다.

"취업 준비생에 관한 데이터인데 채용에 도움이 될 거라고 했습

니다. 하지만 저희는 거절했습니다. 설령 합법적이라 해도 세간의
비판을 받을지도 모르니까요."

합법? 비판? 이 사람이 지금 도대체 무슨 이야기를 하는 거지?

기묘한 데이터 판매

아무렇지도 않게 이야기를 계속하는 담당자의 편안한 표정과는
달리 이야기를 듣는 이쪽의 머릿속에는 의문만 떠올랐다. 굳이 '합
법적'이라고 못을 박아야 하는 데이터라니 아무래도 수상쩍다. 사
기만 해도 '세간의 비판을 받을지도 모른다'라고 걱정해야 하는 데
이터라는 것도 심상치 않다. 게다가 이것은 일본 유수의 대기업끼
리 나눈 거래 협상에서 나온 이야기이다.

리쿠나비는 일본에서도 첫손에 꼽히는 대규모 취업 정보 사이트
이다. 매년 80만 명 이상의 취업 준비생이 이용하는 곳으로, 리쿠
르트홀딩스 산하의 리쿠르트커리어가 운영하고 있다. 리쿠르트그
룹은 일본 기업 중에서도 데이터 활용 사업을 가장 잘하는 곳으로
알려져 있다. 2012년에는 '인재 업계의 구글'이라 불리는 미국 기
업 인디드Indeed도 인수했다. 데이터의 달인인 그들이 수상쩍은 사
업에 발을 담갔으리라고는 선뜻 믿기 어려웠다.

한편으로 1980년대 '리쿠르트 사건'(1988년 리쿠르트가 상장 전 부
동산 자회사의 주식을 당시 총리를 비롯한 정관계 유력 인사에게 뿌린 사건이
적발되면서 일본 전체에 엄청난 파문이 일었다 – 옮긴이)의 이미지도 뇌리

를 스쳤다. 그들에게는 어딘가 이익 추구를 위해서라면 물불 가리지 않는다는 인상이 늘 따라다닌다.

창업자 에조에 히로마사는 도쿄대학을 졸업한 후 1960년에 리쿠르트의 전신인 광고회사를 차렸다. 그 후 취업 정보 등 정보지 사업을 전개하며 급성장했다. 취업에 관한 데이터는 리쿠르트의 출발점이라고도 할 수 있다. 출발점이기에 더 중요하게 다루는 것일까. 그렇지 않으면 다시 커다란 부정으로 이어지는 이야기일까. 설마 하면서도 그 후 틈틈이 리쿠나비의 데이터 판매 정보를 찾았다.

사퇴 예측은 5천500만 원

결정적인 정보를 입수한 것은 2019년 6월 중반을 넘어선 무렵이었다. 정보 제공자에게서 메일이 도착했다.

"리쿠나비가 들고 온 영업용 자료가 있었습니다."

첨부된 것은 〈빅데이터·인공지능을 활용한 채용 활동 최적화 제안〉이라는 이름이 붙은 17쪽 분량의 PDF 파일이었다. 파일을 열어보니 리쿠르트커리어가 팔아치운 데이터 판매 사업의 개요를 파악할 수 있었다. 기업 고객 유치를 위한 미끼 상품은 취업을 앞둔 학생들의 '내정사퇴율'을 예측한 데이터였다.

리쿠나비에 회원으로 등록한 학생을 대상으로 기업의 채용 활동이나 입사 내정을 사퇴할 가능성을 산출하여 각 기업에 판매하는

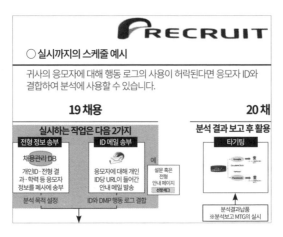

채용 기업과 리쿠나비는 학생의 데이터를 공유하고 있었다(리쿠르트 내부자료)

구조이다. 이런 판매 서비스는 '리쿠나비 DMP Data Management Platform 플로'라는 이름으로 다른 데이터 분석, 학생 대상의 인터넷 광고 전송 사업 등과 결합되어 1개사당 연간 400만 엔에서 500만 엔(4천400만 원에서 5천500만 원 상당 - 옮긴이)의 이용료로 계약되었다.

일본의 대학생 취업 시장은 2014년 무렵부터 학생에게 유리한 공급자(구직자) 우위 시장에 돌입했다. 두 곳 이상의 회사로부터 취업 내정을 받아놓고 희망하는 기업이 아닌 곳의 입사를 거절하는 '내정 사퇴'가 잇따라 기업의 채용 담당자가 골머리를 앓고 있었다. 원하는 인재를 생각처럼 원활하게 확보할 수 없기 때문이다. 만일 각각의 학생에 대해 사퇴할 가능성이 높은지 낮은지 예측할 수 있다면 기업 측으로서는 채용 활동의 효율을 높일 수 있는 귀중

한 데이터가 된다.

그러면 그 사퇴 예상 데이터는 어떻게 산출할까?

내부 자료에 따르면 산출 근거는 취업 준비생의 리쿠나비 사이트 열람 정보였다. 많은 학생이 리쿠나비를 통해 다양한 기업의 취업 설명회와 전형 정보를 확인한다. 리쿠르트커리어는 그 학생이 언제 어떤 기업의 정보를 얼마나 오래 보았는가 등의 기록을 분석했다. 과거 취업 준비생의 지원 경향에도 비추어보면서 인공지능으로 사퇴율을 예상했다. 사퇴율은 주로 5단계 평가로 나타냈다고 한다.

이를테면 이런 사례를 예상할 수 있다.

어느 학생이 리쿠나비에 등록해서 여러 기업의 정보를 모아가며 취업 활동을 해나간다. 한 대기업에 응모해 면접에서는 "꼭 귀사에서 일하고 싶습니다"라고 의욕을 불태우는 모습을 보였다. 한편 그 회사는 리쿠르트커리어로부터 "그 학생의 사퇴 가능성은 5단계 중 두 번째로 높다"라는 독자적인 분석 자료를 사둔 터였다. 학생 본인은 그런 데이터가 기업 측에 넘겨졌으리라고는 꿈에도 생각하지 못한다.

위법인가 합법인가

적어도 윤리적으로는 잘못된 것이 아닐까. 이 사건을 처음 접하고 우리 취재반이 느낀 솔직한 심정이다. 취업 정보 사이트는 기본적으로 학생의 취업 활동을 지원하는 곳일 터이다. 그런데 이 사례의 경우 마치 기업 측에 "이 학생은 사퇴할 것 같습니다"라고 몰래 고자질을 하는 셈이다. 일반 사용자의 이해를 얻기란 어려워 보인다.

다시 생각해보자. 이 데이터 판매는 단순히 '괘씸한' 행위에 그치는 일일까. 그렇지 않으면 법령을 위반하는 일일까. 우리는 이 점을 직접 검증해보기로 했다. 저자들이 주목한 것은 '내정사퇴율의 예측 데이터 판매에 대하여 학생 본인에게 충분히 설명해서 동의를 얻었나'라는 점이었다.

각각의 사퇴율 데이터는 개인의 이름과 관련되어 있어 개인정보보호법으로 보호받는 '개인정보'에 해당한다. 그리고 이 법은 개인정보를 제삼자에게 제공할 때 본인의 동의를 얻을 것을 의무화하고 있다.

우리는 리쿠나비 사이트에서 개인정보 처리 방침privacy policy을 확인했다. 전부 23개 항목, 그중 끝에서 세 번째에 "본 서비스를 이용했을 때 개인을 특정한 후 개인정보 및 쿠키를 사용해 취득한 행동 이력 등을 분석, 집계하여 이하의 목적으로 이용할 수 있습니다"라는 항목이 있었다.

쿠키cookie란 웹 열람 이력 등을 나타내는 데이터를 가리킨다. 더 읽어보니 이용 목적으로 "채용 활동 보조를 위해 이용 기업에 정보 제공(전형에 이용되는 일은 없습니다)"이라고 적힌 구절이 이어졌다. 아무래도 이런 구절이 내정사퇴율 예측 데이터 판매에 대응한 설명인 모양이다. 이 개인정보 처리 방침에는 리쿠나비에 등록한 모든 사람이 동의했다.

하지만 이 구절을 읽고 자신의 내정사퇴율이 산출되어 판매되고 있다고 받아들일 사람이 몇 명이나 있을까. 법적으로 보았을 때 이 구절은 사용자에게 충분한 설명이 되었을까. 우리는 전문가의 의견을 들어보기로 했다.

어처구니없다는 전문가

"명백하게 개인정보보호법을 위반했습니다."

개인정보 보호 관련 법령에 정통한 이타쿠라 요이치로 변호사의 답변은 단호했다. 이타쿠라 변호사는 리쿠나비의 개인정보 처리 방침을 두고 "사퇴율 예측 데이터를 제공하리라고는 도저히 예상할 수 없는 설명을 긴 약관 안에 슬쩍 끼워 넣어 동의를 얻는 방식은 문제가 있다. 오히려 이런 방식이 통할 것으로 판단했다는 게 이상하다"라며 데이터 관리의 안일함에 놀라움을 감추지 못했다.

인공지능에 의한 데이터 분석에 따르는 법적인 문제를 연구하는 게이오기주쿠대학의 야마모토 다쓰히코 교수에게도 물어보았다. 역시 "불확실한 분석으로 사퇴율이 높다는 판정을 받은 학생이 전형에서 불리한 대우를 받을 수도 있다. 지금껏 들어본 적도 없을 만큼 심각한 사례이다"라며 질린 표정을 지었다.

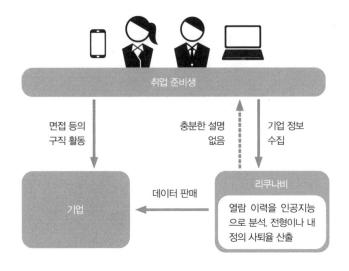

본인 모르게 취업 준비 중인 학생의 사퇴율 예측 데이터가 제공되었다

　본인의 동의를 얻는 적절한 절차에 대해서는 개인정보보호법의 소관 부서인 일본 개인정보보호위원회가 내놓은 가이드라인에 일정한 기준이 제시되어 있다. 동의 절차의 전제로서 "어떤 사업, 목적으로 개인정보가 이용되는지 본인이 일반적이며 합리적으로 예상할 수 있는 정도로 특정"해서 이용 목적을 설명해야 한다고 되어 있다. 그러면 이 기준에 비추었을 때 리쿠나비의 행위는 어떻게 판단할 수 있을까. 우리는 2019년 6월 하순 개인정보보호위원회에 직접 조회를 요청했다.

　담당 기획관은 개별 안건에 대해서는 답변할 수 없다며 확실한 답을 피했다. 하지만 취업 준비생의 내정사퇴율의 산출과 판매 구조를 이야기하자 "그런 식으로 데이터를 취급하고 있느냐"라며 놀란 표정으로 바뀌었다.

나중에 판명된 사실이지만, 이때 취재를 계기로 약 3주 후인 7월 중순, 같은 위원회는 리쿠르트커리어 측에 개인정보보호법 위반 혐의를 두고 본격적인 조사에 착수했다.

두드러지는 온도차

한편 리쿠르트커리어는 데이터 판매의 문제성을 좀처럼 자각하지 못했다. 판매 제안을 거절한 거래처 기업, 개인정보 전문가, 개인정보보호위원회 등이 하나같이 윤리적으로나 법적으로나 의심한 것과 비교해 온도차가 두드러졌다.

7월 중순, 우리는 리쿠나비의 데이터 활용에 대하여 취재하고 싶다는 명목으로 리쿠르트커리어를 방문했다. 회사에서 서비스 개발을 담당하는 프로덕트매니지먼트 부장과 리쿠르트커리어 취업미래연구소 소장이 맞아주었다.

그들은 회사가 데이터 활용에 심혈을 기울여왔다며 자신만만한 태도를 보였다. 오히려 리쿠나비를 이용하는 학생의 데이터를 분석해서 얼마나 다양한 서비스에 응용하고 있는지 자랑하듯 열심히 설명하기 시작했다.

리쿠나비에서는 학생의 특성이나 취업 희망에 맞는 추천 기업을 산출해서 개별적으로 소개하기도 하고, 반대로 기업이 자사의 풍토에 맞을 것으로 추측되는 학생에게 직접 취업 권유 메시지를 보낼 수 있도록 하는 시스템을 운용해왔다고 한다.

"취업 내정을 사퇴할 확률을 독자적으로 산출하는 서비스도 있죠?"라고 묻자 프로덕트매니지먼트 부장은 쓴웃음을 지으며 선뜻 긍정했다. "잘 알고 계시네요. 시험적으로 실시하고 있습니다. 좀처럼 정밀한 결과가 나오지 않아 시행착오를 겪고 있지만요."

이 시점에서는 아직 사실관계와 법률 해석에 대한 취재가 진행 중이었기 때문에 더이상의 언급은 피했다. 하지만 우리의 불신감은 커졌다. '정밀도가 불확실한 채로 데이터를 판매한다는 것이 오히려 문제라는 생각은 없는 걸까' 하는 의문을 지울 수 없었다.

안일한 전망

어째서 그들은 부적절한 데이터 판매라는 사건의 심각성을 깨닫지 못했을까. 퇴사한 직원들은 리쿠나비가 최근 몇 년 동안 경쟁업체인 취업 정보 사이트 '마이나비'와 치열한 고객 유치 경쟁에 내몰리면서 사내에 이익 지상주의의 이상 열기가 뜨거웠다고 지적했다. 눈앞의 경쟁에 안달복달하는 사이 고객 중시의 시선이 흐려졌을지도 모른다.

최근 개인정보 취급을 둘러싼 세계적인 여론 동향과 규칙 정비의 흐름이 급속도로 엄격해지고 있다. 데이터의 세기로 접어들며 일어난 격렬한 변화에 리쿠르트 측의 의식이 따라가지 못한 면도 있다.

2018년에는 미국 페이스북이 다량의 개인정보 유출 문제를 일으키는 바람에 데이터 관리 책임을 두고 강력한 비판을 받으며 고전했다. 개인정보를 허술하게 다루면 아무리 강대한 정보기술 기업이라 하더라도 경영이 흔들릴 수 있다. 하지만 바다 저편의 쓰디쓴 교훈에서 리쿠르트커리어가 무언가를 배운 흔적은 어디에도 없었다.

폭로되는 진상

그들이 간신히 무거운 엉덩이를 뗀 것은 2019년 7월 29일, 우리가 사퇴율 데이터 판매에 관한 질의서를 건네고 나서였다. 질의서에서는 사퇴율 예측 데이터 판매를 시작한 시기와 판매한 기업 수, 가격 등을 묻고, "개인정보보호법에 비추었을 때 설명이 부족하여 유효한 동의를 얻었다고는 말할 수 없지 않으냐"라고 절차의 위법성을 지적했다.

질의서를 보내기 약 2주 전, 개인정보보호위원회도 서비스의 위법성을 이유로 리쿠르트커리어에 대한 조사를 시작했다.

회사 관계자에 따르면 리쿠르트커리어는 다음 날인 30일에 긴급히 간부회의를 열었다. 그 자리에서 31일에 사퇴율 데이터 판매 등 서비스를 일시 정지하기로 결정했다. 31일 밤에 이 사건을 취재하는 기자에게 답변서가 전달되었다. "명료하지 못한 표현으로 폐를 끼쳐 죄송합니다", "더 이해하기 쉬운 표현과 설명 방법에 대한 검토를 마칠 때까지 본 서비스는 일시적으로 정지합니다"라는 구절이 줄지어 있었다.

8월 1일 오후 6시. 니혼게이자이신문은 온라인판《이브닝스쿠프》에 「취업 준비생의 '사퇴 예측' 정보, 설명 없이 제공한 리쿠나비」라는 기사를 실었다. 이로써 리쿠나비 문제가 처음으로 공론화되었다.

기사는 먼저 취업 준비생의 내정사퇴율 예측 데이터 판매 서비스의 상세한 내용과 경위를 짚고, 법적으로는 사전에 본인의 동의를 얻어야 하는데도 리쿠나비 측이 충분히 설명하지 않았던 점까지 언급했다. 개인정보보호법 위반의 우려가 있다는 점도 지적했다.

몇 시간 후에 다른 신문사와 통신사도 인터넷판 등의 매체로 문제를 다루기 시작, 같은 날 오후 9시 무렵 리쿠르트커리어가 일련의 보도 내용을 인정하는 보도 자료를 자사 사이트에 공개했다. 그 자료에서는 "채용 합격, 불합격 판정에는 데이터를 사용하지 않기로 기업과 확약했다"라고 강조하고, 동의 절차는 거쳤지만 표현이 알기 어려웠다는 문제가 있었다고 해명했다.

보도 자료에는 서비스는 어디까지나 '일시 정지'로서 이해하기 쉬운 표현과 설명 방법을 검토하고 있다는 재개의 뜻이 담겨 있었다. 돌이켜보면 이때 그들의 전망은 지나치게 안일했다. 그 후 사퇴율 예측 데이터 판매 서비스가 재개되는 일은 없었다.

번져가는 파문 ————。

내 취업 내정사퇴율이 나도 모르는 사이에 기업에 팔렸을지도 모른다—.

세상에 드러난 리쿠나비 문제는 구직 활동을 하던 학생과 그들을 지원하던 대학에 큰 충격을 주었다. 충격은 이윽고 커다란 불안과 격렬한 분노로 바뀌어 리쿠르트그룹 전체를 몰아붙였다.

괴로운 취업 준비생들

"같이 그만두자." 도쿄의 한 전문대 2학년 남학생은 2019년 8월 1일, 리쿠나비가 내정사퇴율을 판매했다는 보도가 나온 직후 친구들과 리쿠나비를 탈퇴했다. 사실 이 학생은 이듬해 졸업을 앞두고 계속 일자리를 알아봐야 하는 처지였다. 앞으로도 기업 정보가 필요할 때가 많을 것이다.

하지만 리쿠나비를 용서할 수 없다는 마음이 너무 강했다. 개인정보 처리 방침도 훑어보고서 등록했다고 생각했던 만큼 충격이 컸다고 한다. "사퇴율이 기업에 팔리리라고는 상상조차 하지 못했다. 끔찍하다"라며 분노를 드러냈다.

싫지만 그만둘 수 없다는 비통한 소리도 곳곳에서 들렸다. 도쿄 사립대 4학년에 재학 중인 여학생은 "내 구직 활동 상황을 기업이 파악할 위험이 있다고 생각하니 불쾌하다"라며 표정을 찌푸렸다. 하지만 많은 기업의 채용 전형, 마감일 등을 한꺼번에 확인할 수 있는 등 리쿠나비에는 편리한 면도 있다. 구직 활동을 계속하는 이상 현실적으로는 계속 쓸 수밖에 없다는 이야기이다.

대학이 쏟아낸 분노

리쿠나비 사건은 학생의 구직 활동을 지원하는 대학 관계자들에게도 두루 충격을 주었다.

"이건 데이터 취급 문제라기보다 인권 문제입니다."

2019년 8월 9일, 도카이대학의 다카나와 캠퍼스(도쿄 미나토구 소재)의 한 교수실. 취업지원센터 소장을 맡은 미즈시마 히사미쓰 교수가 사죄차 방문한 리쿠나비의 영업 담당자에게 따졌다.

리쿠나비 문제가 발각된 것은 마침 가을부터 본격화되는 3학년의 취업 활동에 대비해 한창 지원 준비를 하던 때였다. 대학은 매년 리쿠나비 같은 취업 정보 사이트와 이인삼각으로 학생의 취업 활동을 지원해왔다. 리쿠나비의 담당자를 불러들여 설명회를 열고, 학생에게 리쿠나비에 등록하라고 장려하기도 했다. 문제가 드러난 후 교직원들은 하나같이 배신당했다며 비난을 쏟아냈다.

도카이대학은 9월 2일, 학내 사이트에 학생과 교직원을 대상으로 알림 글을 게재했다.

"당분간 리쿠나비 등록은 장려하지 않습니다. 대학에서 실시하는 설명회나 세미나에 리쿠르트 측의 협력을 요청할 계획도 없습니다."

'리쿠르트 배제'의 움직임은 일본 전역에서 나타났다. 메이지대학, 주오대학, 간사이대학, 간세이가쿠인대학 등 수도권과 간사이 지방의 주요 대학이 학내 취업 이벤트에 리쿠르트의 참가를 거부하고, 사이트에 등록하라고 추천하거나 권유하지 않았다.

오락가락하는 해명

파문이 번져가는 가운데 리쿠르트커리어 측의 해명은 내내 오락가락했다.

문제가 발각되기 직전 니혼게이자이신문의 취재에 응했을 때는 "개인정보를 제삼자에게 제공하는 문제는 개인정보 처리 방침에서 설명하고 동의를 얻었다"라고 설명했다. 발각된 후인 8월 1일의 발표에서도 "각종 법령에 비추어 서비스의 설계와 각종 약관을 정비했다"라며 문제는 어디까지나 이해하기 어려운 설명에 있다는 주장을 고수했다. 게다가 "더 알기 쉬운 표현과 설명 방법에 대한 검토를 마칠 때까지 본 서비스는 일시적으로 중단한다"라고 서비스 재개의 가능성도 내보였다.

하지만 그런 주장이 고작 4일 후인 8월 5일에 산산이 무너졌다. 그날 리쿠르트커리어의 사내 조사 결과, 내정사퇴율 산출의 대상이 된 학생 중 7천983명에 대하여 개인정보 처리 방침의 동의 취득 절차를 거치지 않았다는 사실이 드러난 것이다.

이 점을 참작하여 리쿠르트커리어는 사퇴율 예측 데이터 판매 서비스를 일시 정지가 아니라 영구 폐지하기로 방침을 전환했다. 발표문에서 "학생들의 심정에 대한 당사의 인식 결여야말로 근본적인 문제임을 깨달았다"라고 밝히고 회사의 서비스 방침 자체가 안일했음을 인정했다. 그리고 8월 26일, 문제가 발각된 후 처음으로 기자회견을 열고 개인정보보호위원회로부터 개인정보보호법 위반 혐의로 권고 조치를 받았다고 밝히며, 사내에서 부적절한 서비스를 방지하는 점검 기능이 제대로 작동하지 않는 '관리 감독 체제의 허술함'도 인정했다.

비판이 높아짐에 따라 해명과 사죄의 대상을 어쩔 수 없이 넓혀 가는 듯한 후속 대응이 이어졌다.

영업이익은 최고치에 다다랐지만 주가는 하락

이 문제는 모회사인 리쿠르트홀딩스 등 매출액 2조 3천억 엔에 이르는 그룹 전체에도 어둠을 드리웠다. 문제가 드러난 당일에 3천750엔이었던 리쿠르트홀딩스의 주가는 이튿날 곧바로 급락하기 시작해 9월 초순에는 3천100엔대에 돌입했다. 리쿠르트홀딩스는 8월 9일에 과거 최고치를 갱신하는 이사분기 결산을 발표했으나 주가 하락은 멈출 줄 몰랐고 시가총액에서 한때 1조 엔 가까이 증발했다.

리쿠르트커리어는 리쿠르트홀딩스의 핵심 사업을 전개하는 자회사이다. 다른 계열사의 사업도 부동산, 생활 관련 사업 등 분야는 다채롭지만 개인과 기업을 정보로 연결한다는 면에서는 모든 영역이 하나로 통한다. 회사의 데이터 활용 방식에 대한 신뢰가 흔들리면 사업 전반에 미치는 영향이 크다.

　퇴사한 직원들의 말에 따르면 '리쿠르트 DMP 플로' 사업의 기획안이 마련된 것은 2016년 무렵. 당시 상황을 알고 있는 전 직원은 "윤리적으로 문제가 있다고 반대하는 엔지니어도 있었지만 이익 확대라는 결과를 내고 싶어 하는 영업 담당자에게 밀렸다고 들었다"라고 돌이킨다.

　2014년 경쟁 사이트 마이나비에 등록 기업 수에서 추월당하면서 반격에 기를 쓰고 있던 시기였다고 한다. 경쟁의 격화로 리쿠나비의 존재감이 흐려지고, 돈벌이가 될 만한 신규 사업도 마땅히 없었다. 리쿠르트그룹 내에서도 비난이 거셌다.

　그런 힘든 상황에서 나온 아이디어가 취업 준비생의 내정사퇴율 예측 데이터였다고 한다. 결과적으로는 이익을 추구하는 데 안달이 난 나머지 가장 중요한 이용자인 학생의 데이터를 '매물'로 내놓았다고 볼 수 있다. 이제 그 대가가 경영이 흔들릴 만큼 큰 규모로 회사를 덮쳤다.

구매자의 책임

내정사퇴율 데이터를 사기로 계약한 기업은 38개사로 밝혀졌다. 어떤 기업이 샀을까. 리쿠르트커리어는 처음에 그 기업들의 이름을 공표하지 않았지만, 2019년 8월 9일 혼다가 데이터를 샀다는 사실을 인정하자 다른 구매 기업들도 자발적으로 발표하기에 이르렀다.

도요타자동차, 교세라, 미쓰비시전기 등 8월 말까지 모두 26개사가 자발적으로 사실을 시인했다. 죄다 일본을 대표하는 대기업이었다. 그리고 하나같이 채용 여부에는 데이터를 쓰지 않았다고 입을 모았다.

8월 19일에는 리쿠르트커리어와 모회사인 리쿠르트홀딩스도 사퇴율 데이터를 이용했다는 사실이 밝혀졌다. 데이터를 구매했던 한 기업의 담당자는 "손님이 죄다 자백한 뒤에 어슬렁어슬렁 나오는 꼴이라니 한심하다"라며 분개했다.

데이터를 구매한 기업에도 문제가 있다는 지적이 개인정보와 노동법제에 정통한 법률가들 사이에서 나오기 시작했다. 각 기업이 그저 데이터를 사준 것이 아니었기 때문이다. 내정사퇴율 분석 데이터를 사용하기 위해 기업은 사전에 자사 채용 전형에 응시한 학생의 개인정보와 과거에 응시한 학생의 전형 결과를 리쿠나비에 넘겼다. 본인의 동의를 적절한 절차로 구하지 않았다면 개인정보보호법 위반에 해당할 가능성이 있다.

마찬가지로 적절한 절차를 밟지 않았다면 직업안정법을 위반했을 가능성이 있다는 지적도 나왔다. 이 법 역시 개인정보의 올바른 취급을 요구하며 채용 응모자 개인의 정보를 제삼자에게서 얻으려면 본인의 동의를 얻어야 한다고 규정하기 때문이다.

데이터를 산 기업은 그 데이터를 정중히 다루었을까. 정말로 채용에 이용하지 않았을까. 문제의 핵심은 여기에 있었다.

"속은 기분이다"

어느 기술자 파견 기업의 인사 담당자가 무심코 투덜거렸다.

"계약하기 전에는 법률적으로 문제가 없으니 안심하라고 하더니 리쿠르트 측에 속아넘어간 기분이다."

그 기업이 사퇴율 데이터를 사기 시작한 것은 2019년 봄부터. 매년 수백 명 규모의 채용이 이루어지지만 회사의 지명도는 낮고 전형 도중에 그만두는 학생이 많아서 골치였다. 사퇴율이 낮다고 판정받은 학생에게 구인 담당 직원이 먼저 연락하면 효율적으로 학생을 붙잡아둘 수 있다고 계산했다는 이야기이다.

인사 담당자는 사퇴율을 확인할 수 있는 것은 구인 담당 직원뿐이고, 전형 심사에 관여하는 직원은 볼 수 없도록 했다고 밝혔다. 정말로 합격 불합격 판정에는 쓰지 않았으며, 목표한 인원을 확보하는 것이 큰일이어서 떨어뜨릴 목적으로 사용할 만큼 여유가 없다고 강조했다.

한편으로 채용 여부에 아무런 영향도 주지 않았다고 잘라 말하기 어려운 사례도 있었다. 어느 업체 담당자는 "합격 불합격 판정에는 쓰지 않았다. 하지만 면접 순서를 정하는 기준의 하나로서 구입한 사퇴율 데이터를 이용했다"라고 털어놓았다.

면접 순서의 선후는 정말로 합격 불합격과 관계가 없을까. 거듭 물어보니 담당자는 "어디까지나 일반론이지만"이라고 서두를 붙이고서 말을 이었다. "채용하고 싶은 학생은 되도록 빨리 만나두는 편이 낫다."

말인즉슨 데이터가 합격과 불합격 판정에 간접적으로 영향을 미칠 가능성이 있다는 뜻이 아닐까. 그런 의문이 들어 리쿠르트커리어 측에 문의했더니 "일반론에 비추어 연락할 순서를 정하는 등의 이용 방법은 회사가 상정한 플로 이용법의 일부"라는 대답만 들을 수 있었다.

사라지지 않는 불신

리쿠르트커리어는 문제가 드러난 지 3주 후인 8월 22일, 학생이 자신의 데이터가 판매되었는지를 조사할 수 있는 특집 페이지를 개설했다고 밝혔다. 그리고 데이터 판매 대상이 된 학생에게 사죄의 메일을 보냈지만, 깊숙이 번진 불신감을 완전히 없애기는 아득한 상황이 이어졌다.

"내 삶이 결국 데이터 알고리즘에 좌우되었다고 생각하면 견딜

수 없다. 그들은 성의를 다해 대응하겠다면서도 회신도 느리다. 학생이라고 얕본다는 생각밖에 들지 않는다."

도쿄의 국립대 4학년에 재학 중인 여학생은 8월 말, 리쿠나비가 보낸 사죄 메일을 열어보고 눈을 의심했다. 거기에 적힌 "당신은 리쿠나비 DMP 플로 서비스 대상에 포함되어 있습니다"라는 문장과 사죄의 말을 보자 갑자기 분노가 치밀었다.

그때껏 그의 취업 활동은 좀처럼 생각대로 진행되지 않았다.

3학년 여름에 리쿠나비를 포함해 몇 군데 취업 정보 사이트에 등록했다. 해외에서 일할 수 있을 것 같은 업체를 중심으로 지원했지만 면접에조차 불리지 못할 때도 있었다. 자신감을 잃고 대학 취업센터에 상담도 받아보았지만, 센터 직원은 "성적도 나쁘지 않고 유학 경험도 있다. 해외 진출을 노리는 기업으로서는 만나고 싶은 인재일 것"이라며 고개를 갸웃할 뿐이었다.

5월에는 취업과 함께 준비하던 국가 공무원 시험에 떨어졌다. 지망 업계를 넓혀 간신히 8월에 정보기술 기업에서 채용하겠다는 연락을 받았지만 '애초에 하고 싶었던 일과 달라서' 입사할지 말지 마음의 결정을 내리지 못했다.

자신의 사퇴율이 판매되었다는 사실을 알고 나서 차츰 의심이 깊어지기 시작했다. 리쿠나비에는 '국가 공무원이 제1지망'이라는 프로필로 등록했다. 이 정보를 근거로 사퇴율 예측이 높게 산출되어 일반 기업 입사 전형에서 불리하게 작용했을지도 모른다. 그러고 보니 리쿠르트가 실시하는 적성 검사를 사용하는 기업은 아예 면접까지 가지도 못했다.

의심하기 시작하자 끝이 없었다. 그는 자신의 데이터를 공개하라고 리쿠나비에 요청하기로 했다. 사이트의 문의 페이지를 통해 "내 사퇴율이 어느 정도이고, 어느 기업에 팔렸는지 알려달라"고 요구하자 2주 후인 9월 12일 메일로 답변이 왔다.

회신 메일에는 22건의 PDF 파일이 첨부되어 있었다. 하나하나 열어보니 자신의 데이터가 도요타자동차와 중고차 판매 업체 빅모터(도쿄 미나토구 소재), 두 곳에 제공되었다는 사실을 알 수 있었다. 하지만 그 데이터가 무엇을 의미하는지는 전혀 알 수 없었다.

그의 개인 아이디 옆에는 '0.26857149'라는 숫자와 '카테고리 4', '★★★' 등의 표시와 기호가 차례로 나열되어 있었다. 각각 내정사퇴율의 지표와 그 단계별 평가를 나타내는 것 같았지만 상세한 설명은 없었다. 다른 학생보다 사퇴율이 높다는 건지 낮다는 건지도 분명하지 않았다. 리쿠르트커리어에 따르면 숫자나 별점의 의미에 대한 해설은 공개 대상이 아닌 사항으로 답할 수 없다고 했다.

애초에 그는 데이터가 넘어간 두 회사 중 빅모터의 채용 전형에 응시한 기억이 없었다. 리쿠나비 주최의 취업 이벤트에서 빅모터 직원의 권유를 받아 취업 정보 제공을 위한 용지에 이름과 메일 주소를 적었을 뿐이다. 그런데도 자신의 내정사퇴율이 팔려나갔다.

그는 자신의 데이터는 확인했지만 불신감은 점점 깊어졌다.

"학생 쪽에서 요구하지 않는 한 데이터를 제공한 기업의 이름을 알 수 없다니 기가 막힌다. 공개 요청을 하더라도 리쿠나비는 데이터를 산 기업이나 학생을 위해 적극적으로 설명하려 하지 않는다. 그런 상태에서 합격 불합격 판정에는 쓰지 않았다고 한들 그 말을 신뢰할 수 있겠는가. 도저히 믿을 수 없다."

움직이기 시작한 정부 ——————。

리쿠나비 문제는 일본 정부도 움직였다.

처음 목소리를 높인 것은 문부과학성이다. 시바야마 마사히코 문부과학성 대신은 2019년 8월 2일 각료회의 직후 열린 기자회견에서 "취업 활동에 매우 큰 영향을 미치는 정보가 제공되었다는 사실을 학생은 전혀 예상하지 못했을 것"이라고 지적하며 사실관계를 엄정히 조사하겠다는 뜻을 밝혔다.

같은 날 도쿄 노동국도 조사를 시작했다.

애타는 경제산업성

그 무렵 경제산업성 내부에서는 초조감이 번져가고 있었다. "최

악의 타이밍이다." 직원 한 사람은 입술을 깨물었다. 일본 정부는 주요 20개국 G20 정상회담에서 '신뢰할 수 있는 자유로운 데이터 유통'을 제창했는데, 리쿠나비 문제가 발각된 것은 경제산업성이 이 구상을 뒷받침할 데이터 활용 사례집의 공표 준비를 한창 서두르고 있을 때였기 때문이다.

데이터를 이용한 기업에도 책임이 있다고 언급한 것은 후생노동성이다. 네모토 다쿠미 후생노동성 대신은 8월 8일 열린 기자회견에서 "사안의 전체적인 현황을 포함해 상세한 경위를 확인한 뒤 필요한 대응을 해나가겠다", "법 위반이 인정되었을 때에는 엄정한 조치가 있을 것이다"라고 말했다.

네모토 대신은 데이터를 사들인 기업에 대해 일반론이지만 "직업안정법에서는 개인정보의 적절한 취급을 요구하고 있다. 노동자를 모집하는 기업에서 그 법을 위반한 사실이 인정되면 엄정하게 조치할 것이다"라고 밝혔다.

데이터를 이용한 기업의 책임에 대해서는 개인정보보호위원회도 같은 날 우리들에게 후생노동성과 연계하여 사실관계를 확인할 것이라고 말했다.

데이터를 사들인 기업의 책임을 두고 두 개의 초점이 떠올랐다. 하나는 내정사퇴율 예측 데이터를 산 것 자체가 직업안정법에 저촉될 가능성이다. 직업안정법 지침에서는 노동자를 모집하는 기업이 개인정보를 제삼자에게서 취득하는 것을 원칙적으로 금지하고 수집할 때에는 반드시 당사자의 동의를 얻도록 되어 있다. 위반하면 권고나 명령의 대상이 될 가능성이 있다.

기업 법무 전문 변호사는 "노동자를 모집하는 기업이 전 직장에 조회하거나 신변 조사를 할 때에는 본인의 동의를 얻도록 하기 위한 규정이다"라고 지적했다.

각 기업은 사퇴율 예측 데이터를 샀을 뿐 아니라 자사가 가진 취업 준비생의 데이터를 리쿠나비에 분석용으로 제공했다. 이 분석용 데이터 제공이 또 하나의 초점이다. 본인의 동의가 없는 개인정보의 외부 제공으로 간주되면 개인정보보호법 위반에 해당할 수 있다.

리쿠나비는 각 회사로부터 업무 위탁으로 데이터를 받았다고 설명했다. 위탁이라면 본인의 동의가 필요하지 않다. 다만 노동법제 전문 변호사는 "계약 취지나 내용과 실태를 비교해 위탁 내용을 넘어선 것으로 보이면 개인정보보호법 위반이 될 가능성이 있다"라고 지적했다.

개인정보보호위원회의 첫 권고

조사를 거쳐 다음 수를 가장 먼저 둔 것은 개인정보보호위원회였다. 8월 26일 저녁, 긴급 기자회견을 열고 리쿠르트커리어에 시정을 권고했다고 공표했다. 정보 관리가 엉성하고 수정할 체제가 없었다고 판단하여 개인정보를 취급하는 적절한 체제 정비를 요구하는 내용이었다. 같은 위원회가 권고를 내린 것은 발족 이래 처음 있는 일이었다.

이 위원회의 담당 참사관은 "취업 활동에 관련된 정보는 학생의 인생을 좌우할 수 있으므로 취급하는 기업의 책임이 무겁다. 리쿠르트커리어는 권리 보호의 인식이 안일했다"라고 이야기했다. 약 8천 명의 동의를 얻지 않고 고객 기업에 개인정보를 판매한 데다가 개인정보보호위원회의 지적을 받기까지 상황을 방치했던 관리 체제의 허술함도 지적했다.

8천 명 이외의 개인정보와 관련해서도 문제가 제기되었다. 형식적인 동의 절차는 있었지만, 본인에게 이용 목적 등에 대한 설명이 실질적으로 부족한 채로 개인정보를 외부로 제공했다고 하여 '지도' 대상이 되었다. 위반이 확실할 때 시정을 요구하는 '권고'와는 달리 통상적으로 '지도'는 공표 대상이 되지 않는다. 하지만 개인정보보호위원회는 사회에 미친 영향이 크다는 이유로 공표를 단행했다.

개인정보보호법의 지침 아래 같은 위원회는 "본인이 동의하기로 결정하는 데 필요한 적절한 내용이 명확히 제시되어야 한다. 리쿠르트커리어의 기재 내용은 설명이 명확하다고 인정하기 어렵다"라고 지적했다.

리쿠나비는 개인정보 처리 방침 페이지에 "채용 활동을 위해 사이트를 이용하는 기업 등에 정보 제공"이라고 기재한 것을 근거로 학생의 동의를 얻었다고 주장했다. 개인정보보호위원회 담당 참사관은 "이 설명만으로는 기업에 내정사퇴율 데이터를 넘긴다고 생각하기는 어렵다"라고 지적했다.

다만 이 발표를 하는 시점에 개인정보보호위원회는 데이터를 이용했던 기업들에 대한 조사가 덜 끝난 상황이었다. "취업 활동이 진행 중이어서 학생에게 미치는 영향이 크다. 조금이라도 빨리 지도와 권고 조치해야 한다는 생각이 들었다"라고 이 위원회의 간부는 털어놓았다.

너무 늦은 기자회견

개인정보보호위원회의 기자회견이 끝날 무렵 기자단은 리쿠르트커리어 측으로부터 메일로 갑작스럽게 연락을 받았다.

"긴급 기자회견을 열겠습니다."

기자회견은 19시 30분부터 도쿄의 한 임대 회의실에서 열린다고 했다. 리쿠르트커리어가 이 문제에 대해 공공의 자리에서 직접 설명하는 것은 처음이었다. 이미 우리가 관련 기사를 처음 보도하고 25일이 지난 시점이었다.

회견에 출석한 사람은 리쿠르트커리어의 사장 고바야시 다이조와 집행임원 아사노 가즈유키였다. 인터넷으로 생중계된 기자회견의 첫머리에서 고바야시 사장은 학생과 기업 등 많은 사람에게 큰 폐를 끼쳐 죄송하다고 사죄하고, 리쿠나비 등 신규 졸업자를 대상으로 하는 서비스가 사업 존폐의 위기에 있다고 말했다.

배포된 자료에서는 내정사퇴율의 산출 대상이 된 학생이 약 7만 4천878명에 달한다는 사실이 처음으로 밝혀졌다. 7만 명은 내정 사퇴 정보를 산출한 일을 납득했느냐고 기자가 묻자 아사노 집행임원은 "개인정보보호위원회로부터도 지도를 받아 매우 죄송하게 생각한다. 동의를 얻었느냐는 점도 큰 문제이지만 무엇보다 이해할 만한 설명을 하지 못했다는 것이 특히 반성해야 할 점으로 사죄드리고 싶다"라고 말했다.

기업이 내정사퇴율을 어떻게 썼느냐에 대해서는 "합격과 불합격의 판정에는 쓰지 않는다는 것이 계약 조건이었다"라고 강조했다. 그러나 실태를 묻자 "(합격 여부 판정에 썼을) 가능성이 아예 없다고 딱 잘라 말하기는 어렵다"라고 얼버무리는 장면도 있었다. 시원하지 못한 답변이 이어지면서 질문하는 기자들 사이에는 허탈한 기운이 감돌았다.

플랫폼 사업자 규제에도 파문

일본 공정거래위원회가 검토 중이던 '플랫폼 사업자 규제' 방안에도 파문이 번졌다. 플랫폼 사업자란 구글, 아마존으로 대표되는 거대 정보기술 기업을 가리킨다. 인터넷을 통해 생활에 꼭 필요한 서비스를 제공하기 때문에 소비자로서는 다른 서비스로 갈아타기가 쉽지 않다.

개인정보의 과도한 수집, 거래처와의 기울어진 권력 관계가 문제시되어 세계 각국에서 규제 움직임이 나타나고 있다. 일본에서도 공정거래위원회가 규제를 검토하고 있으며 2019년 8월 29일에 지침안이 공표되었다.

지침안에서는 보도량과 교섭력에서 우위인 정보기술 기업이 개인정보를 가로채는 행위에 대하여 "독점금지법상 문제가 발생한다"라고 명기했다. 개인의 이익을 해치지 않도록 감시를 강화하겠다는 뜻을 담은 것이다.

이날 공표된 지침에 따르면 개인정보를 취득하거나 이용했을 때 법률 위반의 우려가 있는 사례를 크게 네 가지로 분류했다. 첫째, 안전 관리가 불충분했을 때 둘째, 이용 목적을 확실히 알리지 않았을 때 셋째, 약관에 없는 데이터를 수집하거나 제삼자에게 제공했을 때 넷째, 서비스의 대가 이상으로 개인정보의 제공을 강제했을 때 등이 위반에 해당한다고 정리했다.

당초 리쿠나비는 대표적인 플랫폼 사업자로 여겨지지는 않았다. 하지만 취업 준비 때문에 리쿠나비에서 손을 떼지 못하는 대학생들 사이에서 "취업 준비 과정에서 학생이 리쿠나비 약관에 동의할 수밖에 없다면 우월적 지위에 해당할 수 있다"라는 견해가 늘었다 (히라야마 젠타로 변호사). 일본 정부 내에서도 "이번 지침을 곧이곧대로 읽으면 리쿠나비가 규제 대상이 된다고 볼 수 있다. 참으로 절묘한 시기에 문제가 발생했다"라는 말이 나왔다.

지침안이 발표되기 사흘 전에 열린 리쿠르트커리어의 기자회견에서 우리는 고바야시 사장에게 "플랫폼 사업자로서 인식은 있느냐"라고 질문했다. 고바야시 사장은 "리쿠나비를 쓰지 않으면 취업준비를 할 수 없어 뭐든 동의해야 하는 상황이 있었다면 잘못이다. 학생이 각 기능을 사용하느냐 마느냐를 고를 수 있도록 하여 (특정 기능을) 선택하지 않더라도 공통 기능의 혜택을 누릴 수 있도록 해야 바람직하다고 본다. 앞으로도 이런 관점을 견지하고자 한다"라는 생각을 밝혔다.

공정거래위원회 사무총장에게도 9월 4일 열린 기자회견에서 우리는 "리쿠나비는 플랫폼 사업자인지" 물었다. 사무총장은 개개의 기업이 플랫폼 사업자에 해당하는지에 대한 언급은 삼가겠다면서도 "소비자와 여러 가지 특성을 갖춘 사업 주체 사이의 거래는 관심 있게 지켜볼 것"이라고 말했다. "데이터를 수집해 사업에 이용하는 일이 많아지는 가운데 데이터의 취급이 경쟁상 문제도 될 수 있다는 점은 이번에 공표한 지침안에도 나타나 있다"라고 강조하기도 했다.

핵심에 파고든 후생노동성

9월 6일에는 후생노동성이 리쿠르트커리어에 대하여 직업안정법에 근거하여 행정지도 결정을 내렸다. 취업 준비생 본인의 동의 여부와 관계없이 개인정보를 바탕으로 산출한 내정사퇴율 데이터를 판매하는 사업 자체가 같은 법을 위반한다고 판단한 것이다. 이는 개인정보보호위원회의 권고나 지도 조치보다 더욱 엄격한 입장을 나타낸 것이라고 할 수 있다.

네모토 후생노동성 대신은 기자회견에서 "인재 서비스업계 전체가 원점으로 돌아가 사업에 임하기를 바란다"라고 말했다. 후생노동성은 구인정보를 다루는 업계 단체에도 개인정보의 적절한 관리를 요청했다.

후생노동성은 행정지도를 통해 "주요 취업 사이트는 리쿠나비 등 두세 곳에 한정되어 내정사퇴율 데이터 이용에 동의하지 않으면 취업 활동이 실질적으로 불가능했다"라고 지적했다. 이번 내정사퇴율 예측 데이터 판매가 취업 준비생의 동의를 얻었느냐에 관계없이 직업안정법이 금지하는 '특별한 이유 없는 개인정보의 외부 제공'에 해당한다고 인정했다.

후생노동성의 지도 및 요청의 포인트는 세 가지였다.

첫 번째는 내정사퇴율의 정보 제공은 본인의 동의가 있다고 괜찮은 것이 아니라는 점이다. 어쩔 수 없는 동의는 허락되지 않으며 목적과 내용을 구체적으로 나타내야 한다.

두 번째는 수집한 개인정보를 (내정사퇴율 데이터 같은 형태로) 선별, 가공하는 것은 '모집 정보 등 제공 사업자'로서 서비스를 제공하는 리쿠나비에는 허가되지 않는다는 점이다. 그런 행위는 직업소개 사업에 해당하여 더욱 규제가 엄격한 '소개 사업자'의 허가가 필요했다.

세 번째는 개인정보보호위원회가 지도나 권고의 대상으로 삼지 않았던, 리쿠나비가 2018년에 실시한 데이터 판매 서비스도 지도 대상으로 삼았다는 점이다. 2019년의 데이터 판매와는 달리 본인의 이름 등과 같은 정보와 직접 결합하지 않는 형태로 데이터를 거래했지만, "쉽게 조회, 식별할 수 있으면 개인정보에 해당한다"라고 판단했다. 즉 어떤 형태로 데이터를 거래해도 실질적으로 본인을 특정할 수 있다면 규제 대상이 된다고 본 것이다.

개인정보를 취급하는 기업의 책임을 엄격하게 묻게 된 것이다.

위축을 넘어 ───○

2019년 9월 9일, 도쿄 지요다구 히토쓰바시대학 강당에서 법학자 스즈키 마사토모 니가타대학 교수가 약 500명의 청중에게 호소했다. "리쿠나비 문제는 회사 한두 곳의 문제가 아니라 업계 전체의 문제이다. 위법 상태는 뜯어고쳐야 한다."

리쿠나비 문제를 주제로 열린 긴급 심포지엄. 8월에 개최 소식이 전해지자마자 응모가 빗발쳐 당초 예정되었던 장소를 변경할 정도였다. 개인정보보호법, 노동법, 독점금지법 등 각 분야의 전문가가 모여 각자의 관점에서 주장을 펼쳤다.

일본 산업기술종합연구소의 주임 연구원은 2020년에 예정된 개인정보보호법 개정에 대한 자기 생각을 밝혔다. 리쿠나비 문제에 대응할 수 있도록 '데이터에 의한 인간 선별'을 새롭게 규제 대상에 넣어야 한다고 제안한 것이다.

스이카의 교훈

데이터 활용을 추진하되 사생활 보호를 등한시할 수 없다. 말은 쉽지만 양자의 균형을 맞추기란 쉽지 않다. 여기서 교훈으로 삼아야 할 것이 2013년에 발생한 '스이카 문제'이다.

스이카 문제란 JR동일본(동일본여객철도)이 발행하는 동명의 IC 카드 승차권에 축적되는 승하차 데이터를 외부에 판매하려 시도했다가 소비자와 일부 전문가들의 비판이 속출해 서비스를 중단해야 했던 사건을 가리킨다.

경위는 이렇다. JR동일본은 같은 해 7월부터 스이카에 축적되는 승하차 데이터를 전기 및 전자기기 제조업체인 히타치제작소에 제공하기 시작했다. 히타치는 이 데이터를 해석하여 주요 역 주변의 출점 계획, 광고 전략 등 마케팅에 사용할 수 있도록 판매할 계획이었다.

두 회사 간의 이런 계약이 밝혀지면 곧바로 큰 반발에 직면하리라 생각하지 못한 것이 이들의 크나큰 오산이었다. 이름과 전화번호 같은 개인정보를 삭제해서 사생활을 배려했다고는 하지만 다른 정보와 꿰맞추면 개인을 특정할 수 있다는 불안이 널리 퍼졌다. "정말로 개인이 특정되지 않느냐?", "왜 사람들에게 미리 알려주지 않았느냐?" 소비자의 문의가 쇄도했다. JR동일본은 데이터 제공을 중단하고 히타치제작소에 이미 넘긴 데이터도 말소했다.

2013년 9월에는 호리베 마사오 히토쓰바시대학 명예교수를 의장으로 전문가 좌담회를 열어 8회에 걸쳐 논의를 거듭했다. 그 결과 2015년 10월에 발표된 보고서는 "(JR동일본이) 사전에 충분히 설명하지 않고 주지를 게을리한 점 등 이용자에 대한 배려가 부족했다"라고 결론지으면서도, 한편으로 이 문제 자체의 옳고 그름을 평가하는 일은 피했다.

일본 정부도 대응에 나설 수밖에 없었다. 2017년에 전면 시행된 개정 개인정보보호법은 새롭게 '익명 가공 정보'라는 개념을 설정하고 개인을 식별하지 못하도록 가공한 데이터는 본인의 동의 없이 유통할 수 있도록 했다. 스이카 문제에서 비판적으로 주목을 받은 '익명화'에 일정한 기준을 마련한 것으로, 이 문제가 데이터 활용 전체를 막지 않도록 하기 위한 조치였다.

한편 일본 국립정보학연구소의 사토 이치로 교수는 이렇게 돌이켰다. "스이카는 미세한 단위로 데이터를 기록하고 있어 개찰구 앞에 카메라를 설치하면 소유주를 특정할 수 있다. 세밀한 데이터를 제삼자에게 동의 없이 넘기는 것은 당시 법률에 비추더라도 문제가 있었다." 그는 계속해서 이렇게 말했다. "그런데도 전문가 좌담회나 국가는 시시비비를 따지지 않고 내버려 두었다. 어떻게 해결해야 할지 논의가 흐지부지된 채 많은 기업이 데이터 활용 자체에 몸을 사렸다."

세계적으로 데이터 경제가 진전되는 가운데 일본 기업만이 데이터 활용을 망설인다면 경쟁에서 뒤처질지도 모른다. 인터넷에서 비난 세례를 받을 위험을 두려워하지 않고, 이용자에게 충분히 설명하고, 개인정보 보호를 철저히 준수함으로써 선수를 친다―. 그런 시행착오가 대기업을 중심으로 진행되고 있다.

불안 해소의 도전

"죄송한데 얼굴로 계산할 수 있을까요?"

여름 휴가를 맞이하여 가족 단위로 찾아온 관광객들로 북적이는 와카야마현 시라하마초의 해산물 시장 '피셔맨스워프 시라하마'. 토산품을 손에 든 관광객이 계산대 옆 카메라를 들여다보자 약 3초 만에 결제가 끝났다. 등록한 얼굴 데이터와 신용카드를 연계해 '얼굴 암호'로 결제하는 실증 실험이었다.

얼굴 인증 분야에서 세계적인 수준의 기술을 자랑하는 일본전기NEC가 2019년 1월부터 지역 음식점 등과 손잡고 실험을 진행 중이다. 유카타나 수영복을 입은 관광객이 지갑이나 스마트폰 없이 거리를 돌아다니는 것이 가능하다. 실험의 최종 목적지는 현금이 필요 없는 '캐시리스 결제'에서 한 걸음 더 나아간 '빈손 결제'의 세계이다.

데이터 수집에 대한 사람들의 불안을 어떻게 해소하느냐도 실험의 일환이었다. NEC의 매니저에 의하면 동의를 얻어 확보한 얼굴 데이터는 실험 종료 후 바로 소거한다. 카메라에 비치는 등록자 이외의 얼굴도 연령대와 성별 등 속성 데이터로 자동 변환하여 원래 사진은 남지 않는다.

"얼굴 데이터를 취급하는 것은 사생활 보호라는 면에서 매우 장벽이 높다." NEC 스스로도 그렇게 인정한다. 그래도 데이터 제공에 대한 불안을 뛰어넘는 편리함을 실현할 수 있다면 일반 시민도 널리 이해할 것으로 보고 있다.

휴대전화 기지국을 통해 약 8천만 대의 위치 정보를 가지고 있는 NTT도코모. 이 회사는 2019년 12월에 이용자가 개인 데이터의 제삼자 제공에 관한 동의 상황을 확인하고 범위를 설정할 수 있는 사이트를 개설하기로 결정했다. 제공하고 싶지 않은 정보의 종류, 제공 상대의 범위를 자유롭게 변경할 수 있도록 한 것이다. 기존 서비스와 비교했을 때 어떤 정보가 어떻게 쓰이는지 알기 쉬워졌고, 동의에 관한 설정도 간단하게 변경할 수 있게 되었다고 한다. 정보 관리 수준은 예전과 다름없지만 더 쉽게 이해하고 더 간단히 조작할 수 있도록 개선했다.

NTT도코모는 "지금까지도 법령에 따라 개인정보를 관리해왔다"라고 하지만, 이런 정보 제공 사양 변경은 야후재팬의 신용 점수 문제(2019년 야후재팬은 이용자의 신용을 수치화하여 외부 기업에 제공한다고 발표했다 - 옮긴이)나 리쿠나비 문제로 사생활 보호를 둘러싸고 이용자의 비판이 잇따른 데 그 배경이 있다. NTT도코모는 위치 정보와 구매 이력 등을 조합한 데이터를 적어도 열 곳 이상의 기업에 판매해왔다. 사업 제휴에 본격적으로 나서기 전에 데이터 보호로 발판을 다지려는 노림수로 보인다.

사생활 중시의 파도

서구사회로 눈을 돌리면 기술과 서비스의 설계 단계부터 데이터 보호를 중시하는 '프라이버시 바이 디자인privacy by design'이라는 개념이 주목을 받고 있다. 환경보호 같은 이슈의 뒤를 이어 기업의 신뢰와 이익에 직결되는 경영 과제로 대두되고 있기 때문이다.

데이터 활용으로 세계를 견인해온 GAFA에서도 전략을 바꾸는 흐름이 뚜렷이 나타나고 있다. 애플은 2019년 8월, 스마트폰에서 쓰는 음성 인식 서비스 '시리Siri'의 대화 내용을 분석하는 작업을 멈추었다. 음성 인식의 정밀도를 높이기 위해 대화 일부를 인간이 분석해왔는데, 이용자의 사생활을 침해한다는 지적을 받았기 때문이다. 그 후 음성 데이터 분석에는 사전에 동의를 구하는 등 사생활 보호를 강화하는 준비에 들어갔다.

페이스북의 마크 저커버그는 2019년 3월, 프라이버시에 특화된 플랫폼을 만들겠다고 선언했다. 2018년 3월에 최대 8천700만 명의 이용자 정보가 유출된 케임브리지 애널리티카 사건이 터지면서 잃은 신뢰를 회복하기 위해서이다.

중국은 국가 주도의 개인정보 수집으로 독자적인 데이터 경제를 넓혀가고 있다. 일본이나 미국이나 유럽에서도 데이터 기술의 혁신으로 인한 성장을 지향하고 있지만 그렇다고 개인의 안전과 존중을 뒷전으로 미뤄서는 안 된다. 기업은 개인정보를 이익으로 바꾸는 사업 모델에 기대지 않고 유료라도 매력적인 서비스를 제공하는 길을 모색 중이다.

한 사람 한 사람의 프라이버시를 지키면서 편리한 테크놀로지를 만들어간다. 그것이 데이터의 세기에 필요한 경쟁력을 키우는 첫걸음이다. 리쿠나비 문제를 그저 부정적인 역사로만 남길 것이 아니라 기업의 데이터 활용 수준을 높이는 계기로 삼아야 한다.

1장

세계가 실험실

데이터 자원의 쓰임새와 가치

끊임없는 혁신이 데이터 자원의

쓰임새와 가치를 새롭게 묻고 있다.

세계는 흡사 실험실이다.

우리는 따라갈 수 있을까.

네 기자가 실제 실험을 통해 확인해보았다.

나 VS 알고리즘 ———o

남이 나를 단정 짓는 것이 줄곧 싫었다.

"넌 내향적이니까 파티에 불러도 안 올 거지?"

"너는 간사이関西(오사카, 교토를 중심으로 하는 서일본의 중심 지역 – 옮긴이) 사람이니까 낫토는 싫어하겠네."

'아니, 당신이 날 얼마나 안다고. 한 사람의 인간으로 존중해줘.'

그렇게 생각하면서 29년 동안 살아왔다. 그래서 최근 2주 정도 운세를 찾아보고 있는 나 자신을 발견하고 문득 부끄러워졌다. 생년월일에 의해 그날의 운세나 궁합까지 정해진다니, 지금까지 내 사고방식과는 전혀 상반되는 것이었기 때문이다.

"2019년, 마침내 운명의 상대가 찾아옵니다—."

그러면서도 그 순간 태블릿 단말기에 뜬 유명 점술가의 광고에

눈길이 가는 것은 어쩔 수 없었다. 순간적으로 몸이 굳었다. '어라, 어째서 이 광고가 태블릿에 나오지?'

공용 단말기에 뜨는 광고

개인의 취미나 기호를 노린 '맞춤형 광고'의 존재는 이미 알고 있었다. 애초에 점술 사이트에 접속한 내 스마트폰에 점술 광고가 뜨는 것은 당연하리라. 하지만 아내와 함께 쓰는 집 태블릿으로는 열람도 검색도 한 적 없다. 내 취미가 단말기 이용 이력에 반영되지 않도록 주의를 기울였기 때문이다. 그런데도 마치 내 뒤를 쫓기라도 하듯 같은 광고가 뜬다. 도무지 풀리지 않는 수수께끼. 이제는 무섭기까지 하다.

"자기, 연애운은 왜 찾아보고 그래?"

아내의 차가운 시선이 머릿속을 스친다. 설마 심야에 몰래 즐기던 애니메이션이나 게임 광고까지 태블릿에 뜨는 건 아닐까. 밤의 인터넷 생활이 위기에 처했다.

"어째서 태블릿 단말기에도 광고가 뜨는 겁니까? 광고 전송 구조를 알고 싶습니다."

2019년 6월 초순, 점술 사이트 '게터즈'를 운영하는 CAM(도쿄 시부야구 소재)에 취재를 요청했다. 정보기술 업계의 거물 사이버에이전트CyberAgent의 산하 기업이다. '무슨 수를 써서라도 이 수수께끼를 풀고야 말겠어. 그렇지 않으면 안심하고 집 태블릿을 쓸 수 없으니까.' 하지만 이틀 후 도착한 회신은 너무나 쌀쌀맞았다.

"광고 전송 알고리즘이나 로직은 알려드리기 어렵습니다."

이게 뭐야. 그럼 플랜비로 갈 수밖에. 다음에 찾아간 곳은 도쿄 지요다구에 자리한 미쓰이물산 본사. 2017년부터 미국 정보기술 기업 드로브리지Drawbridge와 자본 업무 제휴를 맺고 일본 법인을 맡고 있다고 들었다. 드로브리지는 인터넷상의 주소인 IP 어드레스와 열람 정보로 동일인이 사용하는 복수의 단말기 데이터를 통합하는 기술을 가지고 있다고 한다.

이 기술을 활용하면 낮에는 주로 컴퓨터, 밤에는 스마트폰밖에 사용하지 않는 사람에게도 같은 광고를 효율적으로 전송할 수 있다. 설마 CAM이 이 기술로 내 스마트폰과 태블릿을 연결한 것은 아닐까. 생각이 여기까지 미치자 갑자기 간담이 서늘해졌다. 무서워서 다시 문의해보았다. CAM은 드로브리지 측과 직접적인 거래는 없다고 부정하면서도, 자사와 제휴한 다른 인터넷 광고회사가 어떤 기술을 쓰고 있는지까지는 파악하지 못한다고 했다. 무슨 말인지 선뜻 이해하기 어려웠다.

인터넷 광고가 전송되기까지의 과정은 다수의 기업이 복잡하게 관여하는 구조로 이루어져 있다. 누가 어떤 기술을 사용하여 이용자를 '저격'하는지는 광고주인 CAM조차 알지 못한다는 이야기이다. 기가 막혀서 너무 무책임한 것 아니냐는 말이 목구멍까지 차올랐다.

내가 이일 저일 하는 동안 문장을 바꾸거나 다른 블로그 기사에 끼워 넣는 식으로 다양한 점술 광고가 매일같이 말을 걸어왔다. 관심 없다고 말하면서도 그만 손가락이 뻗어 나갈 때도 있어서 그 효과를 인정하지 않을 수 없다.

알고 지내는 정보기술 스타트업 '아이디 크루즈ID Cruise'(도쿄 시부야구 소재)의 대표가 새로운 기술이 등장했다고 가르쳐주었다.

"안타깝지만 정치 같은 데 악용될 수도 있는 예를 포함해 마음까지 움직이는 기술이 등장했습니다."

사실 내가 '관심이 없었던' 점술에 호기심을 느끼게 된 것은 아이디 크루즈 대표가 개발하는 신기술을 시험한 일이 계기였다. 트위터 같은 데 올린 글로 인공지능이 내 심층 심리를 해석한 결과, 좋아할 만한 분야로 점술이 떠오른 것이다.

점 따위 비합리적이다. 그렇게 생각했지만 깨닫고 보니 운세 확인이 매일의 습관이 되어 있었다. 스마트폰에 열람 이력이 쌓여서 그것이 새로운 광고를 끌어들인다. 그런 순환구조 속에서 나 자신이 조금씩 바뀌어갔는지도 모른다.

사용하지 못하게 할 권리

결국 어느 기업이 어떤 식으로 나를 조종하려 했는지는 완전히 밝혀내지 못했다. 놀라운 것은 내 개인정보를 어떻게 쓰고 있는지 공개해달라고 묻고 다닌 모든 광고회사가 일제히 입을 다물었다는 점이다.

확실히 현재 개인정보보호법에서는 인터넷의 열람 이력이나 위치 정보만으로 개인을 쉽게 특정할 수 없다면 '개인정보'에 해당하지 않는다. 그래서 기업에 어떻게 쓰고 있는지 물어도 그들에게는 공개할 의무가 없다. 개인정보만 아니면 무슨 짓을 해도 된다는 게 아닐 텐데도. 법규를 뜯어고쳐 원치 않는 개인정보의 이용을 거부할 수 있는 '사용하지 못하게 할 권리'가 도입될 예정이지만 그것도 2020년 이후 법 개정이 이루어진 다음의 이야기이다.

"광고 전송의 구조를 알리는 것 자체가 비난의 대상이 될 위험이 있습니다."

사이버에이전트의 홍보 담당자가 미안하다는 듯이 중얼거렸다. 무슨 말씀을. 개인에게는 '아무것도 모르는' 것이 바로 위험이라고요.

물론 인터넷이라는 추적망을 잘 사용하면 생활이 한결 편리해진다. 알고 싶을 때 궁금한 뉴스를 알려주고, 원하는 것이 있을 때 추천 상품을 눈앞에 대령한다. 그런 '인공지능 집사'도 더이상 꿈이 아니다. 하지만 그것은 조금 먼 미래의 이야기일 것이다.

'30세. 슬슬 전직할 때?' 이 글을 쓰고 있는 중에도 달갑지 않은 광고가 내 앞에 도착한다. '아깝네, 앞으로 2주는 20대라고.' 또 어딘가의 누군가가 나를 조종하려 들고 있다. 생각하면 끝이 없다. 일단은 함께 살아갈 따름이다.

편견의 방을 나올 수 있을까

나는 간사이 지방에서 태어나 미국에서 자랐다. 늘 관심 있게 미국 정치 동향을 살피는데 개인적으로는 트럼프 대통령을 좋아할 수 없다. 아니, 좋아하지 않았다고 해야 할까. 그런데 소셜미디어인 트위터에서 나 자신을 재료 삼아 실험을 시작하고 나서 생각이 조금 바뀌었다.

실험 목적은 '에코 체임버 echo chamber (공명실) 현상'을 확인하는 것이었다. 나고야대학 강사 사사하라 가즈토시 선생에게 협력을 부탁했다. 애초에 에코 체임버 현상이란 무엇인가. 소셜미디어에서 자기와 의견이 비슷한 사람과 연결된다. 그러면 잇따라 같은 의견이 메아리 울리듯 되돌아오고 다른 의견은 눈에 들어오지 않게 된다. 그리하여 점점 그 생각을 고집하게 되는 현상을 가리키는 말이다.

이 현상이 무서운 이유는 사회에 뿌리내린 편견을 증폭시킬 수도 있기 때문이다. 최근에도 인도의 유괴범을 둘러싼 폭동(2018년 7월, 인도 서부의 한 마을에서 행인 다섯 명이 마을 주민들의 집단 폭행으로 사망했다. 마을 주민들은 왓츠앱에 떠도는 가짜 뉴스를 보고 피해자들을 유괴범으로 오해했다고 알려졌다 - 옮긴이), 미얀마에서 벌어진 이슬람계 소수민족 박해(2017년 8월, 미얀마 서부 리카인주에서 이슬람계 소수민족 로힝야족 반군이 경찰 초소를 공격한 데 대한 대응으로 미얀마 군부가 로힝야족에 대한 인종 청소에 나서면서 대규모 난민 사태가 발생했다 - 옮긴이) 같은 사건이 잇따르고 있다.

어느 것이나 소셜미디어가 그 시작점이다.

변화한 정치관

이런 현상을 과연 막을 수 있을까? 우선 트위터상에서 나와 생각이 비슷한 미국 민주당 의원과 관련 단체 300개 계정을 한꺼번에 팔로우했다. 그러고 나서 하루에 15개에서 20개씩 친트럼프 성향의 공화당계로 갈아치워 나갔다. 흐름이 바뀐 것은 4일째였다.

"민주당은 언제나 비판을 늘어놓지만 그들은 아무것도 이루지 못했다!" 스마트폰으로 트위터를 열면 가장 먼저 트럼프의 발언이 어김없이 눈에 들어온다. 저속하지만 속이 시원하다. 점점 귀여워 보이기도 한다……. 수로는 민주당원이 아직 압도적이다. 그런데도 트럼프가 쓴 글이 유난히 눈에 두드러졌다. 트위터의 인공지능이 리트윗이나 하트 수가 많은 글을 분석해 표시 순서를 바꾸었기 때문이다.

실험을 시작한 지 일주일. 결과가 나왔다. 처음 팔로우한 300명 가운데 고작 30명을 바꾸었을 뿐인데 받아들이는 정보의 다양성은 단숨에 높아졌다. 이를테면 트럼프가 여러모로 관계가 깊다고 어필하는 미 육군. 2019년 6월 14일에 창설 244주년을 맞았는데, 타임라인에 등장하는 '244'라는 단어의 수가 3.4배로 늘었다. 트럼프가 주도하는, 북미자유무역협정NAFTA의 후속 협정인 '미국·멕시코·캐나다협정USMCA'은 3배이다.

"아주 조금 생각이 다른 사람과 연결된 것만으로도 정보의 바다에서 우물 안 개구리가 되는 일은 막을 수 있습니다"라고 사사하라 선생은 말했다. 절로 고개가 끄덕여졌지만 다른 과제도 발견되었다고 한다. "다른 의견에 귀를 열려고 하면 도리어 조종을 당할 위험성도 있습니다." 조종하려는 측은 먼저 여성 노동력 활용처럼 대중의 찬동을 얻기 쉬운 화제로 팔로우를 모은다. 그리고 나서 날마다 발신하는 정보에 조금씩 유도하고자 하는 본심을 섞어넣는다.

"소셜미디어를 활용하면 이런 심리 조작도 가능합니다."

북대서양조약기구NATO의 조사에 따르면 가짜 소셜미디어 계정이나 '좋아요'를 이용한 여론 조작에 드는 비용은 최소 몇십 엔부터라고 한다. 우리가 소중히 가꾸어온 민주주의란 그렇게 저렴한 것일까. 나 자신의 책임을 통감하는 실험 결과이기도 했다.

인간 중심 사고

인공지능이 인간을 선별하고 재판하는 세계가 현실이 되려 한다. 만일 그 판단에 편견이나 차별이 들어 있다면 어떻게 될까. 폐해를 막을 규칙을 만들려는 움직임이 세계 곳곳에서 나타나고 있다.

2019년 6월, 일본 오사카에서 열린 주요 20개국 정상회담의 전초전이었던 무역 및 디지털 경제장관회의. 인공지능의 책임 있는 이용을 위해 각국이 협조한다는 성명을 채택했다. 그 성명의 기둥이라 할 수 있는 것이 바로 '인간 중심의 사고'이다.

성명은 일본과 EU가 주도했다. 일본과 EU는 인공지능의 설계와 이용에 일정한 윤리 지침을 마련함으로써 보조를 맞추고, 각국이 같은 규칙을 도입하도록 적극적으로 손을 썼다. 기계인 인공지능에 '개인의 존중'이 위협당할지도 모르는 위기감이 팽배하기 때문이다.

이를테면 인공지능이 개인의 신용도를 산출해서 대출이나 채용에 활용하는 기술은 어떨까. 편리하지만 한편으로 새로운 격차를 낳을지도 모른다는 우려도 적지 않다. 과제는 이런 문제의식을 중국 등 신흥국과 공유하는 것이다. 공통 규칙을 가로막는 벽은 많다.

GAFA 끊고 지낸 3주,
생산성이 3분의 1로_____。

나(33세)는 이바라키현 쓰쿠바역 앞을 땀 흘리며 달렸다. 취재 예정인 심포지엄 회의장이 어딘지 알 수 없다. 역 지도로는 남쪽으로 약 500미터. 그리 멀지 않을 터인데 그럴듯한 건물이 보이지 않는다. 회의 시작 시간은 시시각각 다가온다. 늘 쓰던 '구글맵'을 못 쓰게 된 것만으로 위기에 몰리고 말았다.

물건 찾는 데 한나절

2019년 5월 중순부터 3주. 'GAFA 없이 살기 실험'은 스마트폰 전원을 끄면서부터 시작되었다. 위치 정보나 인터넷 검색 이력 데이터가 네 회사에 넘어가지 않도록 그들의 서비스와 제품을 쓰지 않고 살아보자고 생각했다.

이번에 취재하는 기사의 주제는 데이터 규제의 동향으로 예습이 필요하다. 하지만 구글로 검색하는 것은 금물. 자연히 회사 근처 도서관이나 서점에 틀어박히는 시간이 늘었다. 인터넷으로는 간단히 열람할 수 있는 해외 최신 연구 자료는 서가에 없었고, 몇 개월 지난 정보가 실린 전문 잡지를 찾는 것도 이만저만 고생스러운 것이 아니었다. 순식간에 한나절이 지나가버렸다.

선배 기자에게 듣자니 미국 미시간대학의 연구에서는 인터넷 검색을 사용하면 도서관에서 조사하는 것보다 3배 빠르게, 한 주제당 15분을 절약할 수 있다는 결과가 나왔다고 한다. 인터넷 검색에 스마트폰, 소셜미디어 그리고 온라인 쇼핑. GAFA가 우리 삶에 침투한 것은 불과 10년쯤 전의 일이다. 그런 것들을 끊으면 생산성이 3분의 1로 떨어진다는 말일까.

"검색해, 멍청아"

취재처인 변호사에게는 준비가 부족하다며 야단을 맞았다.

"그 정도는 조사하고 오세요."

"검색해, 멍청아"라는 인터넷 속어가 머릿속에 떠오른다. 인터넷으로 검색만 하면 금세 알 수 있는 것을 주변 사람에게 묻는 딱한 사람을 두고 하는 말이다. 학교 다닐 때나 사회에 나와서나 내 나름대로는 실수 없이 잘해왔다고 생각했다. 하지만 GAFA를 빼앗긴 지금, 나는 완전히 열등생이 되고 말았다.

이만큼 생산성을 희생해서까지 자신의 데이터를 지킬 가치가 있을까. 실험이 3주째에 접어들면서 나약한 망설임이 머릿속을 오갔다. 그때 상사가 데이터 활용의 선진국인 중국을 취재하고 오라고 출장 명령을 내렸다.

중국은 전 국민의 데이터를 수집하여 스마트폰 하나로 쇼핑과 이동, 교통 법규 위반 시 벌금 납부까지 할 수 있다. 그 대신 개인정보와 일상의 사소한 행동은 기업과 국가에 고스란히 전달된다.

"편리함이야말로 정의, 라는 사회에 만족하십니까?" 상하이에 도착하자 지나가는 시민들을 붙잡고 물어보았다. 회사원 왕창은 "알리고 싶지 않은 정보가 새고 있을지도 모르죠. 하지만 현실적으로 스마트폰 없이는 생활할 수가 없습니다. 어쩔 수 없어요"라고 대답했다.

'중국식'이 정답이라고는 생각할 수 없지만 생활도 일도 데이터가 편리하게 해주는 것은 부정할 수 없는 현실이다. 더는 떨어져 지낼 수 없을지도 모른다. 그리고 방대한 데이터는 인공지능 등 첨단기술의 개발에도 쓰인다. 중국 인구는 14억 명. 그 엄청난 데이터의 힘을 국가 성장으로 연결해나갈 것이다.

3주 동안 GAFA 없이 살아보니 더 계속하다가는 모가지가 잘리겠다는 생각이 절로 들 만큼 일과 생활에 지장이 생겼다. 간단히 말해 GAFA와 연을 끊을 수는 없다. 데이터가 자신의 생산성을 결정짓기 때문이다.

그리고 친구마저 사라졌다

"삐―하는 소리 후에 이름과 용건을 말씀해주세요."

부재중 전화로 넘어가는 것이 벌써 몇 번째일까. 언제나 취재에 응했던 벤처기업 경영자와 연락이 되지 않았다. 메일이나 소셜미디어에서는 반응이 좋았는데. 어쩐지 버려진 것 같아서 마음이 상한다.

GAFA 단절 실험을 진행하는 동안 예상하지 못했던 고독이 밀려들었다. 페이스북이나 라인 같은 소셜미디어를 사용하지 않는 동안 주된 연락 수단은 대여회사에서 빌린 피처폰이었다. 전화와 문자 메시지로만 연락할 수 있어 아무래도 주변에서는 '성가신 놈'이라고 생각하기 시작한 모양이다.

이럴 때 의지할 수 있는 것은 친구이다. 대학 시절 동아리의 동기들에게 오랜만에 한잔하자고 문자를 보냈다. 설마 했지만 그들에게조차 차례로 무시당했다. 열다섯 명에게 말을 걸었지만 술집에 모인 것은 고작 두 명이었다.

피처폰으로 연락한 것이 치명적이었다고 한다. "요즘 같은 세상에 문자 메시지라니 얼마나 수상해. 본인 맞나 의심했다"라는 비웃음을 샀다. 피처폰 전성기에 쌓은 우정일 텐데도 지금은 소셜미디어의 테두리를 벗어나면 신뢰가 흔들리고 만다.

'소셜캐피털social capital(사회관계자본)'이라는 말을 최근 자주 듣는다. 인맥이나 상부상조 등 눈에 보이지 않는 자본을 가리킨다고 한다. GAFA는 그야말로 현대의 인간관계를 지탱하는 토대가 되었다.

선택의 힘이 공존의 열쇠

페이스북은 2019년 6월, '리브라Libra'라는 디지털 화폐를 발행하여 금융 서비스 시장에 뛰어들겠다고 공표했다. 사회에 꼭 필요한 인프라로서의 성격을 더욱 강화해가는 것이다.

한편 GAFA를 끊고 살아서 좋았던 점도 있다. 집에 아내와 단둘이 있어도 스마트폰만 만지작거리는 일이 없어졌다. 그만큼 아내와의 대화가 늘었다. 도서관에 가면 구글 검색 결과로는 다다르지 못하는 흥미로운 책을 발견할 수 있었다. 내내 시달리던 심야의 두통도 최근에는 희한하게 사라졌다. 부자연스러운 자세로 스마트폰을 들여다보는 일이 없어진 덕분인지도 모른다. 지금까지 가족과 단란하게 지내는 시간과 건강을 나도 모르게 잃고 있었다는 깨달음도 얻었다.

GAFA에게 얻은 것과 빼앗긴 것, 어느 쪽이 중요한지 답하기는 어렵다. 차츰 이런 생각이 들었다. '이렇게 망설일 수 있다는 것 자체가 행복 아닐까.'

실험 중 방문했던 중국에서는 온갖 데이터가 관리되는 사회 시스템 아래 사람들은 여기서 벗어나서 살 수는 없다며 저항을 포기했다. 일본은 그렇게까지 철저한 데이터 관리 사회는 아니다. 적어도 데이터와 어떻게 관계를 맺을지 개인에게 선택할 여지가 있다.

실험이 끝나자 스마트폰과 소셜미디어의 사용법이 바뀌었다. 애플리케이션의 프라이버시 설정을 엄격하게 하고, 때로는 스마트폰 조작을 멈추고 아내와 대화하거나 도서관에서 보내는 시간이 늘었다. 조금 더 생각해서 누구에게 어디까지 '나'를 넘길 것인지 스스로 결정한다. 그 귀중함을 깨달은 것이 이번 실험의 성과였다.

그 혹독하고 고독했던 GAFA 단식은 두 번은 사양이지만.

데이터 규제

데이터 과점을 강화하는 GAFA 같은 거대 정보기술 기업을 대상으로 세계적으로 규제 강화의 움직임이 커지고 있다. 그중 주목받는 것이 사생활을 지키는 개인정보 보호, 건전한 경쟁 환경을 유지하기 위한 독점금지법, 적절한 과세를 위한 법인세의 세 분야이다. 하지만 초超정보사회로 나아가는 가운데 GAFA 없는 생활은 현실적이라 할 수 없다. 서로 잘 지내는 것도 필요하다.

개인정보 보호 분야에서 가장 앞서가는 것은 EU이다. EU는 2018년에 세계에서 가장 엄격하다고 일컬어지는 유럽일반개인정보보호법을 시행했다. 2019년 1월에는 프랑스 당국이 구글이 수집한 데이터의 이용 목적과 설명 방법이 알기 어렵다고 지적하며 유럽일반개인정보보호법 위반으로 5천만 유로의 과징금을 부과했다.

일본도 2020년으로 예정된 개인정보보호법 개정을 앞두고 개인이 기업에 본인의 데이터 이용 정지를 요구할 수 있는 '사용하지 못하게 할 권리'의 도입 등을 검토하고 있다. 미국에서도 개인정보 보호 규칙을 강화하려는 움직임이 나타나고 있다.

각국의 독점금지법 관할 당국은 나날이 강대해지는 GAFA를 건전한 경쟁 환경을 저해할 우려가 있다고 하여 경계한다. GAFA는 독자적으로 시장을 창출하여 그 자리의 '권력자'로 군림하는 형태로 급성장했다. 구글은 이용자가 10억 명이 넘는 서비스를 여덟 개나 거느리고, 페이스북은 전 세계에서 20억 명이 넘은 사람들이 이용한다. 이용자는 그들이 정한 규칙을 따르지 않을 수 없다.

많은 나라에서 독점금지법 같은 법령으로 '우월적 지위의 남용'을 금지하고 있다. 일반적으로는 힘센 기업이 약한 거래처에 부당하게 압력을 행사하는 것을 금지한다는 의미이다. 그런데 GAFA의 대두와 더불어 기업과 기업 사이뿐 아니라 기업이 개인 이용자에게서 개인정보를 강제로 가로채는 행위도 우월적 지위의 남용에 해당하는 게 아닐까 하는 목소리가 높아지고 있다.

독일 당국이 페이스북의 데이터 수집 행위를 위법으로 판단해서 대폭 제한한 데다 일본도 2019년 10월에 관계 부처를 아우르는 '디지털 시장 경쟁 회의'를 발족시켰다. GAFA 등 거대 정보기술 기업의 개인정보 수집과 이용을 엄격하게 감시한다는 입장이다. 규제에 신중했던 미국에서도 의회나 주 법원에서 GAFA의 반독점법(독점금지법) 위반 여부에 대한 조사를 시작하는 등 GAFA에 불어닥치는 역풍이 거세졌다.

인터넷을 통해 전 세계로 서비스를 펼치는 GAFA에게는 법인세 등이 적절하게 부과되고 있지 않다는 비판도 끈질기다. 세율이 낮은 나라에 설립한 관련 회사를 통해 극단적인 절세 대책을 마련했다고 하는데, 어느 나라에서 얼마나 이익을 냈는지 사업의 속사정까지 알기 어렵기 때문이다.

이른바 '디지털 과세'의 움직임이 빨라지고 있다. GAFA에 대한 과세 강화를 단행하는 국가가 늘고, 그들의 사업 모델에 대응하는 새로운 국제 과세 규정을 만들자는 논의도 주요 20개국 정상회담과 경제협력개발기구 OECD 에서 진행되고 있다.

디지털 도시, 가동을 멈추다 ————。

"토론토가 대혼란에 빠졌다."

북미 출장 중이던 선배에게서 연락이 왔다. 2017년 캐나다 정부와 온타리오주, 토론토시는 세계 최첨단 데이터 도시를 만든다는 프로젝트를 발표했다. 구글의 모회사 알파벳이 세운 도시개발 자회사 사이드워크랩스Sidewalk Labs의 참가가 눈길을 끌었다.

하지만 교통 체증 해소와 방범을 위한 감시 카메라로 데이터를 수집하고 관리하는 기관에 사이드워크랩스의 입김이 작용했다는 사실에 시민들이 맹렬히 반발했다. 공공의 공간을 민간 기업의 지배에 맡길 수 없다며 시민 단체가 들고일어나면서 분위기가 험악해졌다.

세계 각지에서 교통이나 의료 등 시민 대상의 서비스를 데이터 활용으로 효율화하는 시도가 이루어지고 있다. 과연 데이터를 사회문제를 해결할 비장의 카드로 기대해도 될까.

그러고 보면 나(33세)의 고향인 후쿠이현에도 데이터 도시라고 이름 붙인 거리가 있었던 것 같다. 내각부(총리가 담당하는 행정 사무를 처리하는 일본의 행정기관 – 옮긴이)에 확인해보니 "시장과 지역 정보기술 기업이 손잡고 나선 사바에서 말씀이시군요"라고 가르쳐주었다.

실태는 어떨까. 현지에 가서 직접 확인해보기로 했다.

200가지 데이터 자원

사바에시가 기업이 자유롭게 쓸 수 있도록 공개한 행정 데이터는 약 200가지에 이른다. 버스 정보부터 하천의 수위, 원숭이의 출몰 정보에 이르기까지 다양하다. 후쿠이현의 학교는 곰이나 원숭이가 나오면 집단 휴교에 들어간다. 이 지역에서 아이들을 지키려면 원숭이 정보가 꼭 필요하다.

버스의 주행 위치와 승객 수를 실시간으로 알 수 있는 스마트폰 애플리케이션은 시가 공개한 데이터로 만들어져 매우 편리하다. 언제라도 "승차 인원 한 명. 세 정거장 앞 정거장 부근을 주행 중" 같은 정보를 확인할 수 있다.

하지만 그 버스 안에서 본 것은 기사가 필사적으로 버튼을 계속 누르는 아날로그적인 광경이었다. 이야기를 들어보니 버스 정류장에서 세 명이 타고 다섯 명이 내렸을 때 '승차' 버튼을 3회, '하차' 버튼을 5회 누른다. 그렇게 만든 데이터는 위치 정보와 합쳐져 이용자의 손에 도착한다. 오픈 데이터라는 산뜻한 어감과는 대조적인, 뜨거운 마음이 깃들어 있다.

기사는 "거스름돈을 주다 보면 몇 번 눌렀는지 헷갈리기도 합니다"라며 웃었다. 머릿속에 그린 데이터 도시와 현실은 조금 다른 듯했다.

그런가 하면 냉담한 반응을 보이는 시민들도 있었다. 하교 중이던 여고생 두 명은 편리한 버스 앱에 쌀쌀맞았다.

"앱은 안 써요. 버스도 안 타고."

이상하다. 시청이 "이거 정말 좋습니다"라고 자랑하는 육아 정보 애플리케이션의 평판을 확인하려고 공원에 아이를 데리고 나온 여성 두 명에게 말을 건넸지만, 그들은 "그게 뭐예요?"라며 서로 얼굴을 쳐다볼 뿐이었다.

주역은 아저씨?

데이터 도시는 환상일까. 거리를 지나는 70명에게 "데이터 도시란 걸 아느냐?", "데이터로 만든 애플리케이션을 쓰고 있느냐?"라고 물었다. 사바에시의 인구는 약 7만 명. 사흘에 걸쳐 1천 분의 1로 축소한 거리 지도를 만든 셈이다. 일본 내에서 제일가는 데이터 도시의 의외의 실상이 떠올랐다.

유행에 민감할 젊은이나 여성은 데이터를 거들떠보지도 않았다. 여고생은 여섯 명 전원이 애플리케이션은 쓰지 않는다고 대답했다. 여대생이나 초등학생도 마찬가지였다. 한편 40세 이상의 남성은 열네 명 중 열 명이 애플리케이션을 애용했다. 이래서야 꼭 '아저씨를 위한 데이터 도시' 같다.

나중에 흥미로운 지표를 발견했다. 미국의 글로벌 경영 전문가들이 고안한 '새로운 데이터총생산 GDP, Gross Data Product'이다. 데이터의 발생량과 사용 편의성 등을 분석해 각국의 데이터 경제 규모

전 세계 주요 국가의 데이터 GDP 순위

순위	국명
1	미국
2	영국
3	중국
4	스위스
5	한국
6	프랑스
7	캐나다
8	스웨덴
9	오스트레일리아
10	체코
11	일본

자료: 미국 터프츠대학 바스카르 차크라보티 Bhaskar Chakravorti 교수

를 측정한 지표이다. 국내총생산 GDP, Gross Domestic Product 에 빗대어 명명한 이른바 '데이터 GDP'이다. 데이터 GDP로 보았을 때 일본은 세계 11위로, 디지털 경제의 경쟁력에서 침체를 벗어나지 못하고 있다. 실제 GDP는 3위인데 여기서는 상위 10위권에서 탈락한다. 가장 큰 이유는 고령화로 데이터를 활용하는 사람이 상대적으로 적기 때문이라 한다.

데이터 도시에 걸맞은 '사용할 수 있는 서비스'를 만들려면 행정 기관이나 아저씨 세대만 애쓰는 것으로는 한계가 있다. 혁신을 낳는 젊은 기업가, 학생, 여성을 끌어들이지 않으면 데이터 도시를 만들 수 없다. 데이터를 얼마나 잘 활용하느냐 못하느냐가 국가의 경제성장을 좌우한다. 이대로는 데이터 경쟁력에서 세계와 격차가 벌어질 수밖에 없다.

디지털 세대가 주역으로

일본을 대표하는 데이터 도시의 실태는 아저씨의 자기만족에 불과할까. 아무래도 납득하기 어려워 사바에시 시장에게 직접 묻기로 했다. 약 10년에 걸쳐 사바에시의 데이터 정책을 이끌어온 주역이다. 정말 이대로 괜찮습니까?

"도쿄에서 일부러 오시다니 기쁘네요."

만면에 웃음을 띠며 맞이하는 시장. 데이터 활용이 여성이나 젊은이에게 침투하지 않았다고 지적하자 "확실히 격차는 큽니다"라며 온화한 표정을 지었다. 공개 데이터나 애플리케이션을 늘리는 데 전념한 나머지 여성의 수요 같은 문제를 방치하고 말았다고 고백했다.

"하지만 젊은이들이 나올 기회와 있을 자리는 점점 많아지고 있어요."

사바에역 인근의 'HANA도장'에서 그 조짐을 느낄 수 있다고 그는 말했다. HANA도장은 지역의 비영리단체NPO 법인이 기업과 손잡고 운영하는 시설로 남녀노소가 프로그래밍을 배우러 간다. 직접 찾아갔더니 프로그래밍 경력 2년이라는 열한 살짜리 소년을 만날 수 있었다. 소년은 "지금까지 게임을 다섯 개나 만들었어요"라며 의기양양했다. 야구선수 스즈키 이치로가 은퇴했을 때에는 등번호 '51'을 이용한 그림 맞추기 게임을 만들어 어른들에게도 호평을 받았다고 한다.

도장에는 강사도 있었다. 예순 넘은 나이에 시의 평생학습 시설에서 프로그래밍을 배워서 지금은 가르치는 쪽이 되었다고 한다. 어라. 사바에시의 아저씨가 도시의 미래를 짊어질 아이들을 길러내고 있지 않은가. 시장이 봐달라고 한 것은 이 세대 간 배턴 터치가 이루어지는 광경이었을까.

태어날 때부터 인터넷과 스마트폰이 당연한 디지털 세대는 아이디어와 기술을 흡수하여 즐기면서 데이터를 능숙하게 활용한다. 위의 소년 세대가 주역이 될 즈음, 이 거리는 데이터 도시로 무르익을 것이다.

데이터 사회는 이제 막 찾아왔다. 늘 새로운 테크놀로지가 생겨나고 그 규칙과 사용법도 바뀐다. 우리는 젊은 세대로 향하는 신진대사를 촉진하며 계속 도전해야 한다. 데이터가 가져오는 풍요로움은 그 끝에 있다.

데이터 GDP

미국 연구자들이 제창한 데이터 GDP로 각국의 데이터 국력을 측정하면 미국, 영국, 중국의 3개국이 세계를 선도한다. 데이터의 접근 용이성, 생산량 등을 분석한 결과 스위스와 한국도 상위권에 들었다. 데이터 경제의 확대와 더불어 앞으로 어느 나라가 성장할지를 나타내는 선행 지표가 될 듯하다.

데이터 GDP는 미국 터프츠대학 교수로 글로벌경영론의 권위자인 바스카르 차크라보티 등의 연구진이 고안해 공표한 개념이다. 국내총생산GDP에 빗대어 Gross Data Product의 머리글자를 따서 이름 붙였다. 각국의 데이터 경제의 규모를 데이터 생산량, 인터넷 이용자의 수, 데이터의 접근 용이성, 1인당 데이터 소비량의 네 가지 관점에서 평가했다.

1위는 미국이었다. 데이터 생산량이 단연 많았고, 다른 세 항목도 높았다. 데이터의 접근 용이성이 뛰어났던 영국이 2위. 인터넷 이용자 수가 압도적으로 많았던 중국이 3위였다. 일본은 11위로 캐나다나 오스트레일리아에도 뒤처졌다. 행정 데이터 공개에 대한 대처 등이 부진하고, 데이터 접근 용이성 평가가 낮았던 것으로 알려졌다.

데이터를 경제에 활용하는 데이터 경제에서는 다종다양한 데이터의 결합과 인공지능에 의한 효율적인 해석 등이 반드시 필요하다. 행정 데이터의 공개와 기업 간 민간 데이터의 공유도 진척이 느리거니와 원 데이터 자체가 부족해서 유효하게 활용할 수 없다. 데이터 시대의 경쟁력을 높이기 위한 과제는 많다.

당신의 사생활, 5천500원에 삽니다 ———。

나(38세)란 사람이 그렇게 값싼 남자였나. 자신의 데이터를 기업에 제공하는 '데이터 노동자'가 되고 3주 동안 소고기덮밥 한 그릇 값도 벌지 못했다.

자신을 팔아 돈을 벌다

일단 시즈오카대학의 고구치 뎃페이 교수를 찾아갔다. 고구치 교수는 기업의 정보 유출 배상액으로 개인정보의 가치를 계산하는 연구를 하고 있다.

"최근 사안을 집계하면 배상액은 어림잡아 500엔입니다."

내 소중한 정보가 고작 500엔이라니(5천500원 상당). 나도 모르게 "이상하지 않습니까?"라고 따졌더니 고구치 교수는 "한 사람 한 사

람의 단가는 싼 법이죠"라며 나를 타일렀다. 그럴 리 없다. 데이터
는 '21세기의 석유'가 아닌가. 나는 자신의 가치를 확인하기 위해
실험 취재를 시작했다.

"밤중에 살금살금 뭘 하는 거야?"

집에서 스마트폰을 만지작거리는 나를 보며 아내가 눈살을 찌푸
렸다. 벤처기업 원파이낸셜(도쿄 시부야구 소재)이 제공하는 영수증
매입 애플리케이션을 쓰는 모습을 들켰다. 이 회사는 앱으로 개인
의 영수증 사진을 사들여 소비 경향을 파악할 수 있는 빅데이터로
가공해 다른 기업에 판매하는 사업을 한다.

소비 활동을 상세하게 밝히는 것이므로 그 나름의 값어치는 있
을 것이다. 그렇게 생각했으나 예상 밖으로 단가는 쌌다. 모은 영수
증 사진을 부지런히 팔아도 5일 동안 벌어들인 돈은 고작 115엔(약
1천265원). 이런 식이면 1년을 계속해도 1만 엔도 벌지 못한다.

행동 자체를 알 수 있는 정보라면 어떨까. NTT도코모는 도도부
현(일본의 광역자치단체를 통틀어 일컫는 말 - 옮긴이) 두 개 분량의 휴대
전화 위치 정보를 가공한 데이터를 기업을 대상으로 100만 엔에
판매하고 있다. 그런데 잠깐. 도쿄와 가나가와현이라면 단순 통계
로 1인당 10전 이하밖에 되지 않는다.

벼룩시장 애플리케이션인 메루카리에 인터넷 열람이나 온라인
쇼핑 이력을 팔아보려 했지만 약관 위반으로 금지였다. 신용카드
회사도 결제 정보 거래는 거절했다. 이제 다 틀렸다.

20만 명부터 채산성

결국 내가 2주에 걸쳐 벌어들인 돈은 총 229엔(약 2천519원). 개인정보는 '단품'으로는 이익을 내지 못하는 걸까. 노무라종합연구소의 수석 컨설턴트에게 물었더니 다음과 같은 답이 돌아왔다.

"일반적으로 데이터 비즈니스는 20만 명에서 30만 명분을 모아야 채산성을 기대할 수 있습니다."

그만큼 있으면 광고나 상품 개발에 활용할 수 있게 된다고 한다. 데이터양이 늘면 쓰임새가 자율 주행이나 금융, 의료 등으로 넓어져 가치가 단숨에 오른다. 페이스북은 이용자 수가 27억 명으로 2018년도에 약 2조 7천억 엔의 영업이익을 냈다. 라인과 비교했을 때 이용자 수는 16배인데 이익은 165배나 껑충 오른다.

정보자원도 원유와 같아서 날것 그대로는 이용하기 어려워 가치가 낮다. GAFA가 조 단위의 이익을 벌어들일 수 있는 것도 방대한 데이터를 수집해 새로운 사업을 만들어내고 있기 때문이다. 하지만 조금 더 우리에게 몫을 나누어주어도 괜찮지 않을까.

미국에서는 "앞으로 우리는 데이터 노동자의 성격이 강해진다"라는 주장이 나오고 있다. 경제학자 글렌 웨일 Glen Weyl은 "기업은 정보 가치에 알맞은 데이터 분배금을 개인에게 지불해야 한다"라고 주장한다. '좋아요'를 누르고 싶은 기분이다. 내 데이터가 현실의 직업보다 값어치가 있을지는 자신이 없지만.

정보은행, 가격 산정에 갈팡질팡

자신의 개인정보로 229엔밖에 벌지 못해 얼마간 침울해진 나. 이용자의 개인정보를 맡고 대가를 지불하는 '정보은행'이 2019년 봄부터 활동을 시작했다는 뉴스를 들었다. 세계에서도 드문 시도이다. 이번에야말로 내 가치를 증명해주지 않을까. 어디 한번 찾아보자.

애초에 정보은행이란 무엇인가. 제도를 만든 일본 총무성과 정보기술 업계의 권익 단체 '일본정보기술단체연맹'에 물었다. "개인이 맡긴 구매 이력이나 위치 정보 같은 데이터를 다른 기업에게 제공하는 한편 본인에게는 이익을 환원하는 사업입니다"라는 설명을 들었다.

데이터를 넘기는 대신 개인에게 환원되는 대가는 현금, 쿠폰, 기업의 독자적인 서비스 등 다양하다고 한다. '은행'이니만큼 '금리'처럼 돈이 늘어난다면 고맙지. 그렇게 생각했지만 아무래도 다른 모양이다. 생각이 영글지 못했다.

미쓰비시UFJ신탁은행, NTT데이터, 후지쓰 등 정보은행 사업을 준비하는 열 개 이상 기업에 물어보았지만, 본인에게 어떤 대가가 돌아오는지 그 상세한 구조에 대해서는 어느 회사 담당자나 "미정입니다"라고 답을 얼버무렸다.

2019년 6월에는 미쓰이스미토모신탁은행과 펠리카포켓마케팅(도쿄 미나토구 소재)이 정보은행으로 첫 인증을 받았다. 그런데 이

두 회사조차 인증 시점에서 어떤 데이터에 어느 정도의 대가를 이용자에게 건넬지 자세히 정해놓지 않았다.

왜 대가가 정해지지 않는 걸까. 미쓰비시UFJ신탁은행의 기획 담당자가 "데이터의 시세가 없기 때문"이라고 가르쳐주었다. 맡겨진 데이터의 대가는 돈인가 서비스인가. 가치를 어떻게 계산하는가. 전례가 없는 만큼 계속 갈팡질팡하고 있다는 이야기이다.

정보은행을 이용해도 데이터로 돈벌이를 할 길은 요원하다. 이제 온라인 암시장 격인 '다크웹'에 맡길 수밖에 없을까. 영국의 정보 사이트 '톱10VPN TOP10VPN'에 따르면 페이스북이나 아마존의 1인당 로그인 정보가 1천 엔(약 1만 1천 원)이 넘는 가격으로 팔리고 있다고 한다. 제법 좋은 가격이다. 마음이 흔들린다.

인터넷 조사 및 보안 전문 업체 스프라우트 Sprout 사장의 도움을 받아 다크웹에서 탐색해보았다. 그 결과 뜻밖의 사실과 맞닥뜨렸다.

"당신의 데이터는 이미 팔리고 있습니다."

2012년에 데이터 보관 서비스 드롭박스 Dropbox의 고객 정보가 대량으로 유출되었다. 그중 내 개인정보도 있었던 모양이다.

"몇 번이나 팔렸을 것으로 보입니다. 몇억 명 분량인데 세트로 넘긴 가격은 9만 엔이네요."

스프라우트 사장은 나를 동정했다. 1인당 1전 이하. 공짜나 다름없다.

개인정보는 돈벌이로 이어지는 금맥이 될 수 있지만 다다른 곳에 함정도 숨어 있다. 불법 사이트에서 본인도 모르는 사이에 밀매되는 것은 그저 한 가지 사례일 뿐이다. 미국에서는 개인을 데이터 제공이라는 일을 하는 '데이터 노동자'로 자리매김하고 각자의 권리를 지키기 위한 '데이터 조합' 같은 조직이 필요하다는 논의도 확산되고 있다. 일본의 정보은행이 믿을 만한 곳이 될지는 아직 알 수 없다.

자기 정보의 가치는 얼마나 될까. 모르는 것은 나뿐만이 아닐 것이다. 전 세계 사람들이 데이터 사회의 실험실 안에 살고 있다.

데이터 유통권

데이터가 만들어내는 경제성장은 이제부터이다. 일본은 데이터 경제의 진전에 발맞추어 새로운 틀을 짜자고 국제 사회에 요청했다. '자유로운 데이터 유통권 DFFT, Data Free Flow with Trust'의 제창이다.

신뢰할 만한 규정 아래 데이터가 자유롭게 유통되도록 하자는 구상이다. 국경을 넘어 안전하게 개인정보나 산업 정보를 사용할 수 있도록 한다. 거래가 늘면 데이터 시세도 형성되어 데이터 유통이 더욱 활발해지는 환경이 조성될 가능성이 있다.

2019년 6월에 열린 주요 20개국 정상회담에서도 일본 총리가 각국에 요청했다. 배경에는 세계의 데이터 경제가 블록화될지 모른다는 위기감이 있다. EU는 세계에서 가장 엄격한 개인정보보호규정을 정비하고, 중국은 국가 단위로 데이터를 가둬놓고 독자적인 경제권을 구축하기 위해 움직인다. 일본은 각국의 제도나 가치관의 대립이 데이터 유통을 해치지 않도록 중개자로서의 존재감을 높이려 하고 있다.

2장

나를 빼앗기다

편리함과 프라이버시 사이

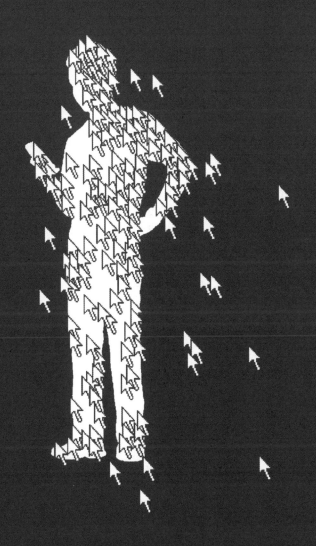

사람, 돈, 물자의 움직임이 만들어내는

데이터 자원은 폭발적으로 증가하여

개인과 사회의

모든 영역에 영향을 미치고 있다.

기술혁신은 우리 자신을 집어삼키려 하고 있다.

풍요의 맞은편 ──────○

2018년 4월, 중국의 상하이. 음식 컨설턴트 오바라 아카네는 무거운 발걸음으로 도심으로 향하는 대로를 걸었다.

"점점 세련되어지는 거리가 내게는 불편하게 다가왔다."

외국인은 '디디' 이용 못 해

호텔에 돌아가고 싶지만 30분 넘게 기다려도 택시를 잡을 수가 없다. 매달 중국에 출장 올 때마다 어찌할 바를 몰라 애가 탄다. 지난 2년 동안 배차 앱 '디디추싱滴滴出行'이 단숨에 보급되면서 돌아다니며 손님을 찾는 택시는 현저하게 줄었다. 현지 은행 계좌와 바로 연결되는 결제 앱을 연동해야 하기 때문에 많은 외국인이 디디추싱을 쓰지 못한다.

중국에서는 10억 명 이상이 신분증, 휴대전화, 은행 계좌가 묶인 결제 앱을 사용한다. 장보기부터 주식 투자, 우산 대여, 자전거 공유, 무인 편의점까지 모든 것이 스마트폰 한 대로 끝나는 새로운 생활 인프라이다. 이용에는 대가도 따른다.

"벌금 300위안 납부할 것." 충칭의 회사원 뤼양은 소셜미디어로 당국의 통지를 받고 고개를 숙였다. 감시 카메라에 사흘 전 차선 변경을 위반한 현장이 촬영된 것이다. 이렇듯 중국은 당국의 감시 시스템에도 연결되는 독특한 데이터 경제권이 만들어져 있다. 개인정보를 내놓지 않으면 그 편리함도 누리지 못한다.

일본전자정보기술산업협회JEITA에 따르면 2030년에는 세계적으로 온갖 것들이 인터넷에 연결되는 사물인터넷 관련 시장이 404조 억 엔 규모로 형성되어 2016년의 2배 이상으로 커진다. 얼굴이나 음성 인식 기술도 널리 보급되어 종래의 문자나 그림과 짜맞추는 데이터의 곱셈이 널리 이루어진다.

내 모든 것이 기록

15세기 이후 인쇄, 방송, 통신 기술의 진보는 대중에게 지식을 넓히고 혁신과 풍요로운 사회를 만드는 원동력이 되어왔다. 데이터의 세기는 우리 생활을 더욱 편리하게 만들겠지만, 지금까지 이어져 온 '지知의 민주화'라는 흐름을 바꿀지도 모른다는 위험도 내포한다.

하루 몇 걸음 걸었는지부터 예전에 쓴 경위서의 초안, 집 설계도까지 한 사람의 모든 것이 구글에 기록되어 있었다. 유럽이 2018년 5월에 시행한 일반개인정보보호법에서 규정하는 '데이터 반출권'. 기업에서 자신의 개인정보를 되찾아 관리할 수 있는 권리를 구글에서 시험 삼아 써보고는 눈을 의심했다. 용량 10.8기가바이트, 영화 아홉 편 분량이다. 검색 이력과 위치 정보 외에 일정표, 지메일, 지웠던 사진까지 포함되어 있었다.

"구글 서버에서 데이터가 삭제되는 일은 없습니다."

완전 삭제를 지시하지 않는 한 데이터는 계속 남는다.

거대 데이터센터는 전 세계 19개소에 이른다. 편리한 무료 서비스가 10억 명이 넘는 이용자를 끌어들여 영화 몇조 편 분량은 될 만한 데이터를 수집해왔다. "이제는 생활의 필수품이 되었다. 대체할 게 없다." 데이터 보호 서비스 회사의 대표이사도 사적 용도로 쓰는 메일은 전부 지메일이라 한다.

구글은 전 세계에서 데이터를 긁어모아 지금은 정보기술 거인으로서 영향력을 행사한다. 지주회사인 알파벳의 2018년 한 해 매출은 약 15조 엔으로 그 대부분이 개인정보를 바탕으로 한 광고 수입이다. 독일의 통계조사 전문 업체 스타티스타Statista는 이용자 1인당 매출을 연 9천 엔으로 잡고 있다. 편리함과 맞바꾸어 이용자가 내놓은 사생활이 낳는 '대가'라고 할 수 있다.

페이스북과 구글이 실시하는 인터넷 광고의 세계 점유율은 합쳐서 60퍼센트를 넘는다. 그들은 데이터를 도맡듯 가로채어 부와 힘으로 바꾼다. 데이터 경제는 미국과 중국만이 움직이는 것이 아니다.

2018년 4월 독일 베를린. '베리미Verimi'라는 데이터 제휴 서비스가 시작되었다. 운영 기업에 출자하는 곳은 도이체방크(독일은행), 다임러, 루프트한자 같은 독일을 대표하는 대기업 10개사이다. 서로 데이터를 들고 모여 소비자 행동을 광범위하게 분석해 효과적으로 고객을 유치한다.

베리미는 개인정보를 독점해온 구글 같은 정보기술 거인의 대항마로 태어났다. 이색적인 것은 참여 기업이 모은 데이터를 어떻게 사용할지 이용자에게 선택권을 맡긴다는 점이다.

항공권 예약도 자동차 공유도 결제도 모두 한 아이디로 끝낸다. 이용자가 동의하지 않는 한 데이터는 광고나 외부 기업에서 멋대로 쓰는 일은 없다. 서비스 이름은 'Verify Me(나를 인증해줘)'에서 땄다.

미국과 중국의 거대 정보기술 기업은 인권을 무시하며 개인정보를 수집하고 있다는 것이 베리미의 주장이다. 독일에서는 앞서가는 미국이나 중국과는 다른 형태의 데이터 제휴가 이루어지고 있다.

일본에서도 데이터 활용의 움직임이 곳곳에서 나타나고 있지만 답은 나와 있지 않다. 유럽은 '쿠키법'이라 하는 새로운 사생활 규제 장치의 도입을 준비하고 있다. 풍요의 맞은편에 있는 리스크를 깨달은 개인까지 끌어들여 데이터 경제의 나아갈 바를 묻는다.

편리함을 취할 것인가, '나'를 지킬 것인가.

초정보사회를 눈앞에 두고 세계는 기로에 서 있다.

아이디 제휴

국가나 기업이 수집한 개인정보는 다양한 형태로 통합된다. 복수의 서비스에 걸쳐 이용자 아이디를 하나로 묶는 '아이디 제휴'의 움직임도 두드러진다.

중국은 국가 규모로 데이터 통합을 지향하고, 미국에서는 거대 정보기술 기업의 존재감이 높아지고 있다. 한편 일본에서는 기업이 업종을 뛰어넘어 서로 손을 잡고 데이터 활용에 보조를 맞추는 움직임이 나타나기 시작했다.

중국에서 아이디 제휴의 기둥은 '위챗페이微信支付' 같은 결제 애플리케이션이다. 국가 발행의 신분 증명이나 은행 계좌, 소셜미디어 정보 등 온갖 개인정보를 하나로 묶어 쇼핑이나 이동에 사용한다. 생활의 거의 모든 영역이 스마트폰 하나로 해결되는 엄청난 인프라가 구축되었다. 서로 신원이 확실하므로 위조화폐가 많은 인민폐보다 믿을 수 있는 결제 수단으로 중국인들은 여긴다.

하지만 공안 당국도 상시 접속하여 중국 전역에 깔린 2억 대의 감시 카메라를 통해 감시의 눈을 빛낸다. 소셜미디어에서 정부에 비판적인 발언을 반복하면 앱이 일시 정지되고 생활에 지장이 생기는 일도 있다고 한다.

미국에서는 '플랫폼 사업자'라고 불리는 데이터 거인이 팽창을 거듭하고 있다. 페이스북이나 아마존이 그 대표적인 예이다. 각 회사는 종래의 인터넷 서비스에서 스마트하우스Smart House(가정에서 사용하는 모든 가전제품과 전기 장치를 네트워크로 연결한 주거-옮긴이), 커넥티드 카Connected Car(통신망에 연결된 차량-옮긴이) 등의 사업으로 현실 세계에도 진출했다. 검색 이력, 구매 경향에 더해 건강 정보나 가족 구성, 사람이나 물자의 흐름 같은 모든 데이터에 목적을 정해 사업을 넓혀 나간다.

"데이터를 상호 이용해서 힘을 합쳐야 한다." 미국과 중국이라는 데이터 강자의 대항을 곁눈질하며 일본에서는 기업 등이 다른 업종 간의 제휴로 활로를 찾으려는 움직임이 눈에 띄기 시작했다. 2017년 11월에는 오므론, 소니, 히타치제작소 등이 '데이터유통추진협회'를 설립했다. 참여 기업과 단체는 100곳이 넘는다. 서로가 가진 데이터를 모아 경쟁력을 높이자며 시행착오를 거듭하고 있다.

과제는 많다. 모임의 주도자 격인 에브리센스재팬(도쿄 미나토구 소재)의 대표는 데이터 형식이 회사마다 달라 간단히 정보를 통합할 수 없는 등 문제가 있다고 지적하면서도 "하지만 기업 간 데이터 유통이 활발해지면 활용 폭이 훌쩍 넓어져 거대한 부가가치를 낳을 것"이라고 말한다.

마음마저 조작한다 ─────。

"우와, 또 이 광고가……."

2018년 7월 초순, 남자친구의 본가에 처음 인사하러 갔다 돌아오는 길. 도쿄의 여성 공무원은 페이스북에 넘쳐나는 결혼식장과 예물 반지 광고를 보고 얼굴을 찌푸렸다.

"결혼 이야기는 아직 직장에서도 비밀로 하고 있는데 기분 나빠."

인터넷 검색, 열람 이력 등의 개인정보를 바탕으로 전송되는 맞춤형 광고. 페이스북에서는 광고주가 대상을 세밀하게 좁힐 수 있다. 1억 엔 이상의 주택을 가진 자산가, 원거리 연애 중, 대학 중퇴자─. 주변에 밝히지 않은 사생활도 죄다 새어 나간다.

구매율이 50퍼센트 상승

미국 스탠퍼드대학의 심리학자 마이클 코신스키Michal Kosinski가 이끄는 연구팀은 약 310만 명을 대상으로 화장품의 광고 효과를 조사했다. 데이터에서 '내향적인' 성격으로 판단된 사람에게는 조심스러운 선전 문구를 보여주고, 반대로 '외향적인' 사람에게는 "모두의 시선을 붙잡아라"라는 식의 과감한 광고를 내보냈다. 그 결과 구매율이 50퍼센트 올랐다.

정보 분석을 경쟁력으로 바꾸는 데이터 경제가 그 범위를 넓혀 가고 있다. 개인의 취미와 기호를 노린 광고는 페이스북이 2006년에 시장에 뛰어들어 보급했는데, 지금은 사람들의 행동에까지 영향을 미치고 있다. "인터넷 대기업은 소비자를 뼛속까지 알고 그 마음을 저격한다. 이미 의지력으로는 완전히 막을 수 없다." 워싱턴대학의 라이언 칼로Ryan Calo 교수는 경종을 울린다. 기술이 일선을 넘어서고 있다.

"기차를 멈춰라!Stop the Train!"

2018년 5월, 미국 테네시주에서 철도의 건설 계획이 주민 투표로 부결되었다. 여론조사에서는 가결 가능성이 짙었지만, 한 단체가 페이스북 등에서 철도 건설 반대 캠페인을 펼쳐 계획을 폐기로 몰아넣었다.

단체의 이름은 '번영을 위한 미국인들AFP, Americans for Prosperity'. 출자자는 트럼프 정권에 막강한 영향력을 지닌 대부호 코크 형제

Charles & David Koch이다. 경제전문지 《포브스》에 따르면 두 사람의 자산은 합계 1천200억 달러, 세계 부호 순위 1위인 아마존의 창업자 제프 베이조스를 앞지른다.

코크 형제의 지혜 주머니가 바로 그들이 투자한 미국의 데이터 분석 회사 i360이다. 공적 조사나 산하 기업의 고객 정보로 수집한 2억 5천만 명분의 데이터를 박사학위를 가진 통계학자들이 분석한다. 그리고 누구에게 광고를 내면 효과적인지 밝혀낸다. 정밀도가 워낙 뛰어나서 그 사람에 대해 가족보다 잘 안다는 평가까지 받는다고 한다.

민주주의를 위협

광고의 목적은 물건을 파는 것만이 아니다.

2016년 미국 대통령 선거에서 약 8천700만 명분의 개인정보를 유용한 영국 데이터 분석 회사 케임브리지 애널리티카는 페이스북으로 '트럼프'라는 상품을 팔았다. 전 세계에서 비난을 받고 파산에 이르렀지만, 트럼프는 2020년 재선을 향해 이 회사의 전직 간부와 다시 계약을 맺었다.

미국 대통령 선거에 관여한 것으로 알려진 러시아는 프랑스와 독일에서도 선거에 개입해 "민주주의를 위협한다"(유럽연합 집행위원회)라는 비난을 받았다. 외국 정부의 사이버 공격이라면 내정 간섭이라는 비판도 성립하지만, 국내 광고의 형식을 갖추면 단속하기가 쉽지 않다. 마음마저 조작하는 기술이 정치에 숨어들면 민주주의는 뿌리부터 흔들리고 만다.

맞춤형 광고

세계 인터넷 광고 시장에서는 구글과 페이스북의 합산 점유율이 60퍼센트에 이른다. 두 회사의 강점은 '맞춤형 광고(타기팅 광고)'를 전면 활용하는 데 있다. 이용자에게서 얻은 풍부한 개인정보를 바탕으로 광고를 전송할 대상을 효과적으로 좁힌다.

개인이나 기업이 페이스북에 광고를 낼 때 광고주는 우선 '인지도 상승', '동영상 재생 횟수 증가' 등 열 가지 이상의 항목에서 목적을 선택한다. 그러고 나서 나이, 주거지, 취미, 관심사 등에 맞추어 대상 이용자를 저격해 나간다.

대상을 좁혀 나가는 조건은 세밀하고 다양하다. 나이는 한 살씩 다르게, 주거지도 읍면동 주소나 우편번호 외에 '이 지점에서 반경 20킬로미터 이내' 등으로 자세하게 설정할 수 있다. '대졸', '기술자', '해외주재원' 같은 학력이나 직업, 사회적 입장 같은 메뉴도 풍부하게 갖추었다.

'고가품을 선호한다'거나 '교제와 관련 있는 기념일이 다가온다' 등 기호에 관한 조건도 마련되어 있다. 미국에 한정되지만 '온건한 보수주의자'나 '강경한 자유주의자' 같은 정치사상으로도 대상을 추려낼 수 있다.

개인의 내면까지 파고들어 대상을 좁힐 수 있는 까닭은 페이스북이 풍부한 개인정보를 가지고 있기 때문이다. 전 세계 20억 명 이상의 이용자에게 서비스를 무료로 제공하는 대신 이용자가 올린 글, 위치 정보, '좋아요'를 클릭한 대상 등 온갖 데이터를 수집하고 분석해서 광고에 반영한다.

페이스북은 지금까지 분석 효과를 높이기 위해 외부 데이터 회사에서도 개인의 수입 정보 등을 구입해왔다. 하지만 개인정보의 대량 유출이 발각된 이후, 그런 거래를 중지한다고 발표했다.

페이스북의 2018년 한 해 매출은 558억 달러로 거의 전부가 광고 수입이다. 페이스북은 광고 효과의 향상과 사생활 보호의 양립을 위한 모색을 계속하고 있다.

인공지능 의존은 어디까지 ———。

2017년 12월 미국 로스앤젤레스 근교. 3개월에 걸친 인공지능 국제 경기가 막을 내렸다. 전 세계 90개 팀이 넘는 기술자가 한자리에 모였지만 사람은 조연이다. 싸움은 인공지능 대 인공지능으로 펼쳐졌다.

"현금지급기의 화상에 필터를 걸어 방어 시스템을 속여라."

과제를 부여받은 인공지능이 보이지 않는 공간에서 초고속으로 자동 공격을 반복한다. 거리에 설치된 감시 카메라의 반응을 상정한 경기이다. 공격하는 쪽이 인식에 오류를 일으키는 노이즈를 삽입하면 방어하는 쪽의 인공지능이 이를 감지해 튕겨낸다.

무시무시한 성장 속도

대량의 데이터를 다루는 인공지능이 진화하여 어느새 인지를 뛰어넘는 힘을 갖춘다. 그런 데이터 경제가 실현되기 시작했다.

2018년 6월 13일, 미국 연방준비제도이사회FRB의 제롬 파월 의장이 기자회견을 열었다. 그 중계방송을 지그시 노려보는 '눈'이 있었다. 중국, 홍콩에 거점을 둔 스타트업 이모틱스Emotics의 인공지능 시스템이다.

"임금 상승에는 시간이 걸린다." 파월이 답한 순간, 인공지능이 반응했다. 사람의 눈에는 감정의 동요가 없고 냉정하게 보여도 인공지능은 한순간도 놓치지 않는다. 파월의 미간에 잠깐 새겨진 주름과 입가의 일그러짐을 잡아낸다. 인공지능은 기자회견 중 임금의 둔한 상승세에 초조함을 드러내는 '혐오'의 감정을 합계 15회 읽어냈다.

경제 예측에 유용한 금융계 수장의 데이터는 헤지펀드에 비싸게 팔린다. 노무라증권의 이코노미스트 스이몬 요시유키도 유럽중앙은행의 마리오 드라기 총재와 일본은행의 구로다 하루히코 총재를 분석한다.

"0.2초마다 표정을 읽어 들인다."(이모틱스 대표)

"한순간의 표정이 감정 데이터가 된다."(스이몬 요시유키)

무슨 일이 일어나도 꿈쩍 않는 포커페이스 특훈을 받아도 인공지능은 새로운 버릇을 학습해 인간을 앞지른다.

인공지능의 힘에 항거할 수 없다면 그 힘에 편승하는 편이 현명할지도 모른다.

중국 상하이의 남성 회사원 쑤징(가명)은 "점수를 올리기 위해 노력했다"라고 말한다. 그가 신경 쓰는 것은 중국 최대 전자상거래 업체 알리바바의 '즈마신용芝麻信用' 점수이다. 한 사람 한 사람의 이용자를 350점부터 950점 만점으로 평가한다. 쑤징은 학력과 경력부터 자산 내역에 이르기까지 모든 정보를 알리바바에 제공했다. 대화 앱은 평가가 높은 친구들 사이에서만 사용하고, 공과금이나 세금은 체납하지 않도록 주의를 기울였다.

점수를 산출하는 알리바바의 인공지능은 내부가 보이지 않는 블랙박스이다. 평가 대상은 분명하지 않지만 '우등생'으로 행동하는 것이 유리하게 작용한다는 말이 있다.

입소문보다 높은 신용력

점수가 765점까지 오른 쑤징은 전자결제 여신 한도가 600점대였을 때의 약 2천 위안에서 1만 5천 위안으로 상승했다. 이 점수는 1억 명이 등록하는 맞선 사이트에도 게재되었다. 인공지능이 매긴 점수가 입소문보다 높은 신용력을 발휘하는 세계이다. 그런 상황이 어쩐지 섬뜩하게 느껴지기도 한다. 하지만 상하이 주재의 한 컨설턴트는 실리가 있다면 상관없다는 사람이 늘고 있다고 말한다.

주변을 둘러보면 생활의 모든 상황에 인공지능이 침투하여 인공지능에게 지배받는 시대가 도래하고 있다. 다만 그 판단이 늘 정확하다고는 할 수 없고 때로 한쪽으로 치우친다. 어디까지 인공지능에게 맡길 것인지 진지하게 생각할 때가 왔다.

점수화 기술

인공지능이 다양한 개인정보를 분석해서 사람의 등급을 매기는 점수화 scoring 기술이 급속도로 발달하고 있다. 특히 금융의 여신 심사 같은 분야에서는 세계적으로 널리 보급되고 있다.

대표적인 것이 '즈마신용'이다. 점수가 높으면 낮은 금리로 많은 돈을 빌릴 수 있고, 렌터카를 빌리거나 호텔에서 숙박할 때 보증금이 필요 없다. 싱가포르나 룩셈부르크 같은 국가의 정부와도 제휴해 재직 증명, 자산 조회 같은 통상적으로 필요한 절차를 가볍게 하는 우대도 받을 수 있다.

점수의 상세한 기준은 공표되지 않는다. 하지만 알리바바의 스마트폰 결제 서비스 알리페이로 자주 쇼핑하거나 점수가 높은 친구와 소셜미디어로 친밀하게 교류하면 점수가 오른다고 알려져 있다. 한편 신용카드 대금 결제가 늦어지는 등 신용을 잃을 행동은 감점 대상이라 한다.

인공지능이 여신 심사를 하는 서비스는 2010년을 전후해 미국에서 잇달아 생겨났다. 온라인으로 대출을 중개하는 '렌딩클럽 Lending Club', '캐비지 Kabbage' 등이 유명한데, 이들은 은행보다 유연하고 신속한 대응을 내세웠다. 최근에는 은행 계좌가 없는 사람이 많은 동남아시아와 아프리카 등지에서도 비슷한 신흥 서비스가 늘고 있다.

일본에서도 2016년 미즈호은행과 소프트뱅크가 공동 출자로 제이스코어 J Score(도쿄 미나토구 소재)를 설립해 인공지능에 의한 여신 점수화를 시작했다. 웹에서 수집한 수입, 취미, 성격 등의 정보를 입력하면 1천 점 만점으로 채점되어 대출 가능 액수와 금리가 제시된다. 점수 취득 건수는 2019년 3월 말까지 약 50만 건에 달한다.

앙숙이 뭉치는 이유 ───○

"40대 남성, 일어섰습니다."

"여기부터 앞이 차선, 횡단보도는 이 범위."

중국 선양 근교의 한 오피스빌딩. 300명에 가까운 젊은 직원들이 컴퓨터 앞에 앉아 화면에 나타난 영상 위에 마우스로 끊임없이 무언가를 덧그린다.

수억 명의 얼굴 학습

홍콩발 인공지능 스타트업 센스타임SenseTime의 '데이터 공장'이다. 길거리 카메라의 동영상 1초를 24장에서 30장으로 분할하여 인해전술로 인공지능에게 그 의미를 철저히 가르친다. 센스타임에 따르면 이미 수억 명 단위의 얼굴 데이터가 학습되었고, 그 데이터가 많은 기업을 빨아들이고 있다.

2017년 11월, 혼다자동차는 자율 주행 분야에서 센스타임과 사업을 제휴했다. 먼저 손을 내민 것은 혼다 측이다. 몸의 방향과 발걸음으로 보행자의 움직임을 예측하는 기술이 결정타였다. 100대 이상의 자동차와 인물을 동시에 식별하는 센스타임의 인공지능을 활용하면 상황이 복잡하게 변하는 시가지에서도 3~5초 앞까지 예측할 수 있다. 혼다의 한 수석 연구원은 "다른 데서는 찾아볼 수 없는 고도로 정밀한 기술"이라고 이야기한다.

먼 곳과 유대를 맺어 가까운 적에게 대응하는 자동차 산업의 합종연횡合從連橫은 일찍이 제조업체끼리의 제휴가 주류였다. 하지만 데이터 경제의 기세가 무섭게 뻗어가는 시대에 데이터를 좌지우지하는 기업을 무시할 수 없다.

센스타임은 미국의 반도체 대기업 엔비디아NVIDIA와 퀄컴Qual-comm, 중국의 알리바바와도 잇달아 제휴했다. 그 영향으로 설립 5년 만에 기업 가치는 이미 5천억 엔을 넘는다. 업종을 뛰어넘어 데이터 자산을 곱하면 자율 주행 등 새로운 비즈니스의 토양도 만들 수 있다.

도요타자동차도 동남아시아에서 승차 공유 서비스 분야를 평정한 그랩Grab 같은 회사와 긴밀한 관계를 맺느라 분주하다. 데이터를 축으로 하는 사업 제휴가 점점 늘고 있지만, 데이터 자원의 확보 면에서는 미국과 중국이 크게 앞지르고 있다. 이들을 따라잡기란 쉽지 않다.

"데이터 기재법이나 파일 형식이 너무 다릅니다."

NTT도코모 담당자는 머리를 싸맨다. 2018년 1월, NTT도코모는 삿포로시와 손잡고 일본 방문객 개척 프로젝트를 시작했다. 대형마트 체인 이온 홋카이도와 삿포로 마루이미쓰코시 등 서로 다른 업종 30개사와 고객 데이터를 공동으로 사용하기로 뜻을 모았지만 통합 작업은 난항을 겪고 있다.

속도감이 과제

분석할 수 있는 데이터는 합계 100만 명 분량이다. 그러나 그것들을 연결해 고객 유치와 점포 개발에 활용하려면 각기 다른 형식의 개별 데이터를 하나씩 손으로 입력해 기록할 수밖에 없다.

속도감도 풀어야 할 과제이다. 2018년 6월, 세븐앤아이홀딩스의 요청으로 NTT도코모와 도쿄급행전철, 미쓰이물산 등 대기업 10개사가 연합을 구성했다. 서로 가지고 있는 데이터를 짜맞추어 택배망 정비, 신제품 개발로 이어간다는 구상이다. 하지만 본격적인 데이터의 공동 사용은 아직 미래의 이야기이다.

"일단 1년 동안은 무엇을 할 수 있을지 연구합시다."

각 회사 담당자들이 모여도 반응은 미적지근하다.

세계는 기다려주지 않는다. 미국 아마존은 2018년 6월, 처방약 배송 서비스에 특화된 온라인 약국 필팩Pillpack을 인수한다고 발표했다. 아마존이 노린 것은 필팩이 가진 고령자의 구매 데이터였다. 허술했던 영역으로 사업을 넓히기 위해 필팩의 매출 10배에 해당하는 약 1천억 엔을 투자했다. 보험과 통신기기 시장에도 뛰어들 것으로 보여 아마존의 업종을 뛰어넘는 팽창은 멈출 기미가 없다.

데이터 거인에게 대항하는 합종연횡은 이미 시작되었다. 개인정보를 안전하게 거래하는 정보은행 창설의 움직임도 확산되고 있다. 이용자의 이해를 얻어 얼마나 신속하게 데이터를 곱해갈 수 있을까. 데이터의 세기는 기업의 경쟁 축을 크게 바꾸고 있다.

얼굴 인식 기술

카메라에 비친 인물을 특정하는 얼굴 인식 기술은 쇼핑에서의 본인 인증, 방범을 비롯한 다양한 분야에서 널리 쓰이기 시작했다.

한 시험적인 계산에 따르면 감시 카메라의 전 세계 시장 규모는 2018년에 2015년의 배 이상으로 커졌다. 얼굴 인식이나 동작 해석 같은 기능을 갖춘 고성능 카메라가 인터넷망에 이어진다. 무인 편의점에서 자동 결제가 가능해지는 등 지금껏 없던 편리함을 누릴 수 있는 한편 감시 사회에 대한 걱정도 높아진다.

홍콩의 센스타임은 사람의 아름다움을 인공지능이 점수화하는 소프트웨어를 개발했다. 어디까지나 홍보용이며 상품화 예정은 없다고 하지만 거기엔 얼굴 인식 기술에 중요한 요소들이 집적되어 있다.

이 소프트웨어는 '미녀, 미남'의 판단을 내리기 위해 인공지능에게 수백만 명의 데이터를 입력했다. 얼굴 윤곽, 눈과 코의 크기와 배치 등 100개 이상의 항목을 측정하고 분석해서 아름다움을 100점 만점으로 산출한다.

얼굴 인식 기술은 많은 샘플을 인공지능에게 학습시킴으로써 사진으로 나이, 성별, 감정 등을 추정할 수 있도록 한다. 또 얼굴을 부분별로 세밀하게 측정하면 대상이 마스크 차림이거나 고개를 숙이고 있더라도 데이터베이스에 있는 얼굴 정보와의 일치 정도를 분석하여 높은 정밀도로 개인을 특정해낸다.

리서치 업체 야노경제연구소에 따르면 2018년의 감시 카메라 전 세계 출하 대수는 약 5천700만 대에 이르며, 2015년부터 매년 배로 늘고 있다. 얼굴 인식 기술의 발달로 우량 고객의 입점을 파악해 마케팅에 활용하는 등 방범 이외의 이용도 늘고 있다.

한편 얼굴 인식 기술과 감시 카메라의 보급에 적극적인 중국에서는 경찰의 카메라 망이 시민의 개인정보와 연결되어 교통 위반 차량이나 보행자를 순식간에 특정한다. 군중 속에서 단시간에 지명수배범도 찾아낼 수 있지만 감시의 강화로 이어졌다는 비판도 있다.

진짜를 위협하는 가짜들 ————○

불법 이민 문제로 흔들리는 미국. 2018년 6월, 인터넷 공간에서 논쟁이 불거졌다.

37만 개의 '좋아요'

"이 잔혹한 행위에 침묵해서는 안 돼."

소셜미디어에 유명 가수 제니퍼 로페즈가 사진을 올리자 단숨에 37만 개의 '좋아요'가 찍혔다. 사진에 찍힌 것은 흐느껴 우는 여자아이. 트럼프 정권의 불법 이민 단속으로 부모와 생이별을 당한 비극의 상징으로 널리 퍼졌다. 그러나 후일, 아이 아버지라고 나선 인물이 부정하여 보수파 매체들이 일제히 거짓 정보라고 보도했다. 실제로 한 가족이 뿔뿔이 흩어지는 이민은 많았지만, 아이의 사진은 여론 분열에 박차를 가할 뿐이었다.

　다량의 데이터가 오가는 데이터 경제에는 거짓 정보가 난무한다. 그런 정보 오염이 지속적으로 퍼지면 인터넷을 사용한 정보 시스템 자체가 어딘가에서부터 기능을 멈추고 만다. 현실과의 경계를 위협하는 기술도 나타나기 시작했다.

　"벨기에 국민이여, 위선을 버리고 파리협정(파리기후변화협약)에서 탈퇴하라."

　2018년 5월, 벨기에의 사회주의정당 다른사회당sp.a이 트럼프 대통령의 연설 동영상을 인터넷에 올렸다. 동영상에서 트럼프 대통령은 단정적인 어조로 지구온난화 방지를 위해 맺은 국제적인 약속을 파기하라고 주장했다. 선정적인 스타일은 여느 때나 다름없었다. 그런데 동영상을 자세히 들여다보니 입가가 뿌옇고 흐릿했다.

　"트럼프야말로 위선자이다!" 소셜미디어에서는 금세 반대 댓글이 넘쳐났다. 여기에 당황한 것은 다른사회당이다. "아니, 이건 가짜 동영상입니다. 농담이라고요." 그들은 서둘러 부정 성명을 발표했다.

　공개된 인공지능 모델에 동영상과 음성 데이터를 학습시키기만 하면 자연스럽게 가짜 동영상이 만들어진다. 포르노에서 처음 쓰기 시작한 기술이지만 정치에도 악용될 우려가 크다는 말이 나오고 있다.

　자동 생성된 가짜 뉴스나 가짜 입소문도 널리 퍼진다. 미국의 싱

크탱크 민주주의와정보통신센터CDT, Center for Democracy and Technology
의 조사에 따르면 최첨단 자동분석 기술을 사용해도 증오 표현 등
문제가 있는 게시물은 전체의 80퍼센트밖에 배제하지 못한다. 진
짜인지 가짜인지는 여전히 사람의 눈으로 가려낼 수밖에 없다.

가짜 뉴스의 무대가 된 페이스북. 2018년 한 해 동안 감시 요원
을 2만 명으로 늘렸다. 2017년 연말 결산 결과 이 회사 영업이익은
2조 3천억 엔. 직원 수가 10배는 더 많은 도요타자동차에 육박하
는 이익을 벌어들였지만, 앞으로는 대가를 치러야 한다.

정화에 깃든 위기

비용을 들여 정보를 정화하더라도 기다리는 것은 위기일지도 모
른다. 2018년 3월 중동 두바이에서 열린 감시 기술 박람회. "인터
넷에 올린 글을 자동으로 분석해서 위험한 단어와 구절을 배제할
수 있습니다. 러시아제보다 효율적입니다." 관심이 쏠린 것은 중
국 정부와 군에서 사용하는 여론 감시용 소셜미디어 분석 기술이
었다.

판로는 중동과 아프리카이다. 개인정보를 검열해서 정부나 군
의 심기를 거스르는 정보를 걸러낸다. 동남아시아에서는 이미 치
안 유지를 명목으로 한 언론 통제가 널리 진행 중이다. 중국형 감
시 사회가 세계로 수출되려 하고 있다.

"검열이 의무화되면 우리는 중국과 무엇이 다른가?" 스탠퍼드대

학 국제안보협력센터 수석 연구원 허버트 린Herbert Lin의 한탄이다. 가짜는 창작과 종이 한 장 차이. 표현의 자유를 보장하는 미국에서는 규제하기가 곤란하다.

데이터의 세기는 세계에 무거운 과제를 들이댄다.

딥페이크

진짜와 구분할 수 없을 만큼 정교한 가짜 동영상을 만드는 기술을 일컫는 '딥페이크'가 주목받고 있다. 영화 제작 분야에서 처음 쓰기 시작했는데 기술의 진보로 전문가가 아니어도 누구나 낮은 비용으로 사용할 수 있게 되었다. 특정 정치가의 가짜 연설 동영상 등 악질적인 가짜 뉴스에 이용되어 민주주의를 위협할 위험이 있다는 지적도 있다.

딥페이크의 기반이 되는 것이 인공지능이다. 일단 유명인이나 정치가 등 겨냥하는 인물의 동영상과 음성 데이터를 모아서 인공지능에게 학습시킨다. 다른 인물이 이야기하는 동영상을 학습에 활용하고 화상의 어긋난 부분을 보정하면서 인공지능이 진짜 데이터에서 자동으로 자연스러운 가짜 동영상을 합성해낸다. 잘 합성하면 실제로 본인은 한마디도 하지 않은 내용도 가짜 동영상 안에서 당당하게 말하도록 만들 수 있다.

2018년 4월에는 미국의 한 뉴스 사이트가 버락 오바마 전 대통령이 그의 입에서 나왔다고는 믿기지 않는 발언을 하는 동영상을 만들어 화제가 되었다. 얼핏 보면 오바마의 연설 동영상이지만 음성이나 표정은 다른 사람인 코미디언의 것이었다. 이 동영상은 가짜 동영상이 얼마나 정교하게 만들어지는지, 주의를 환기하기 위한 목적으로 기획되었다고 한다.

진짜처럼 보이게 하는 포인트의 하나가 입의 움직임이다. 크게 열거나 닫는 움직임과 음성을 딱 맞게 겹치면 한층 자연스러워진다. 지금까지 이런 고도의 동영상 합성은 영화 제작사가 전문가에게 비용을 치러야 비로소 가능했다. 현재는 공개된 인공지능 모델을 이해할 만한 지식만 있으면 개인도 집에서 뚝딱 만들 수 있다고 한다.

이런 가짜 동영상이 점점 늘어날 가능성도 있다. 미국 뉴스 사이트의 동영상에서는 가짜 오바마가 이렇게 경고한다.

"적이 멋대로 어떤 사람이 실제로 무슨 이야기를 하는 것처럼 위장할 수 있는 시대가 되었다."

10시간 만에 본인 특정, 본가까지 털렸다

정보기술 서비스의 발달과 더불어 인터넷상에는 스마트폰의 위치를 비롯한 온갖 데이터가 넘쳐나고 있다. 그중에는 간단히 얻을 수 있는 공개 데이터도 많은데, 그런 데이터들로 어디까지 개인에게 다가갈 수 있을까.

우리 중 한 기자가 시험해보니 안전한 익명 정보에서 출발해 10시간 만에 개인을 특정하고 반년에 걸친 행동 내역까지 상세하게 끄집어낼 수 있었다. 편리함의 대가로 자신이 깨닫지 못한 사이에 사생활이 송두리째 노출될 위험이 커지고 있다.

전부 공개 데이터로 추적

인터넷상에서는 익명이라면 스마트폰 등의 위치 정보를 합법적으로 손에 넣을 수 있다. 기자는 '구글 검색을 같이 쓰면 개인을 특정할 수 있지 않을까?' 하고 생각했다. 특정할 상대를 지목하기 위해 데이터 거래를 취급하는 에브리센스재팬의 스마트폰 앱 '에브리포스트'를 이용했다.

이용자가 자신의 위치 정보 등을 기업이나 연구기관에 팔아서 새로운 서비스나 제품의 개발, 학술조사로 연결되게 하는 서비스이다. GPS로 이용자의 이동 정보를 측정하고 그 이력을 몇 미터 단위로 녹색 점과 선으로 지도 위에 표시한다. 일련의 데이터는 전용 사이트에 공개되어 있다(현재는 비공개).

기자는 사이트상의 어떤 인물의 움직임을 나타내는 한 점을 눈여겨보았다.

국내외를 활발하게 이동하고 있으므로 어떤 행동 패턴을 보이는 어떤 사람인지 비교적 특정하기가 쉬워 보였기 때문이다.

먼저 자주 머무르는 장소로 볼 때 어느 대학 관계자일 가능성이 높다고 추정했다. 또 해외에서 들르는 곳과 시기를 보고 '9월 하와이 국제학회' 등으로 검색을 거듭했더니 어느 장소에서나 무선 통신 규격을 전문으로 하는 국제학회가 열렸다는 사실이 판명되었다. 드러난 사실의 공통점으로 찾아낸 인물로 한 남성의 이름이 떠올랐다.

결정타는 작업을 시작하고 약 10시간이 지난 후였다. 그 인물이 자주 방문하는 장소 가운데 한군데를 도로변 풍경 등을 열람할 수 있는 구글의 '스트리트뷰'로 보니 흰 벽의 단독주택 사진에 다다랐다. 확대해보니 명패가 그 이름과 일치했다.

"찾았다."

기자는 중얼거렸다.

약 일주일 후인 2019년 3월 중순. 기자는 아직 추위가 가시지 않은 홋카이도 무로란시에 있었다. 찾아간 곳은 무로란공업대학 기타자와 쇼이치 교수의 연구실이다. 기타자와 교수가 바로 기자가 인터넷상에서 탐색한 '녹색 점'의 장본인으로 판단한 인물이었다.

기자는 인터넷에서 모은 정보에서 알아낸 기타자와 교수의 반년 치 행적을 적은 메모를 손에 쥐고 있었다. 어디까지 정확하게 알아냈는지 하나하나 본인에게 확인했다.

- 2018년 9월. 미국 하와이주의 국제학회에 참가하기 위해 출장. 바쁜 업무 틈틈이 숙박 시설 '도야 선팰리스앤리조트'(홋카이도 소베쓰초 소재)에서 휴식

- 2018년 10월. 효고현 니시노미야시에 있는 본가로 귀성. 고베 공항에서 비행기를 타고 신치토세 공항으로 돌아옴. 무로란시 근교의 카페 '미야코시야 커피점'에서 한숨 돌림

- 2019년 1월. 미국 미주리주 동부 세인트루이스에서 무선 통신 규격을 논의하는 학회에 참석

"이거 전부 선생님 이야기죠?"

기자가 묻자 말없이 듣고 있던 기타자와 교수가 고개를 끄덕였다.

"프로파일링에 성공하셨네요."

인터넷상의 데이터를 모아 개인의 직업, 취미, 지향, 행동 패턴 등을 추정하는 것을 '프로파일링'이라 한다. 흥미를 느낄 법한 대상을 추려 광고를 띄우는 '맞춤형 광고' 등에 자주 쓰이는 기술이다. 인터넷 광고회사는 "광고 전송에는 개인이 누구인지까지 알 필요는 없고, 실제로 특정하지도 않는다"라고 입을 모은다. 하지만 지금처럼 그럴 마음이 생겨 조건을 갖추면 자신의 이름과 상세한 행적을 알아내는 것도 충분히 가능하다.

범죄에 악용될 위험도

일본의 개인정보보호법에서 익명의 위치 데이터는 보호해야 할 '개인정보'

에 해당하지 않는다. 그래서 이름, 주소, 얼굴 데이터 등과 같이 법률로 보호하는 종래의 개인정보만큼 취급을 규제하지 않고, 본인의 동의를 얻지 않아도 기업 사이에 공유할 수도 있다. 뒤집어 말하면 사생활이 침범당할 위험에 노출되어 있다는 이야기이다.

기자가 실제로 할 수 있었던 것처럼 위치 정보로 어느새 본인이 특정되고 이름과 주소, 행동까지 송두리째 새어 나갈 가능성이 있다. 자기가 데이터를 넘긴 기억이 없더라도 기업끼리 멋대로 공유하고 사용할 수 있다. 이렇게 알아낸 개인정보는 자신도 모르는 사이 확산되어 사기나 스토킹 같은 범죄에 악용될지도 모른다. 데이터를 다루는 기업뿐 아니라 이용자 측도 인식을 강화해야 하는 이유가 여기에 있다.

익명의 위치 정보를 공개했던 에브리센스 담당자는 "(위치 정보의 공개에 대하여) 이용자에게 사전에 동의를 얻었다. 하지만 위치 정보가 공개된다는 데 인식이 충분하지 않았다고 한다면 약관에 기재한 내용을 더욱 명확히 할 여지는 있다"라고 말했다. 그리고 2019년 3월 20일 밤, 전용 사이트에서의 이용자 위치 정보 공개를 중단했다.

덧붙여 기자는 기타자와 교수의 프로파일링에서 한 가지 오류를 범했다. 2018년 9월에 기타자와 교수가 숙박 시설을 찾은 것은 휴식을 위해서가 아니라 대학의 공식 행사가 있었기 때문이라 한다.

"놀러 간 것이었다면 좋았을 텐데 말입니다."

기타자와 교수는 쓴웃음을 지었다.

내 신용도는 얼마쯤 될까

인공지능으로 다양한 개인정보를 분석하고 사람의 '등급'을 매기는 점수화 기술이 급속도로 퍼지고 있다. 금융 여신 심사에서 활용이 두드러지는데 어떤 구조로 이루어질까. 2018년 7월, 우리 중 한 남성 기자가 실제로 체험해보았다.

직업, 연봉 등 20가지 질문

시험해본 것은 2016년 미즈호은행과 소프트뱅크가 공동 출자해 설립한 개인 대출 서비스 업체 제이스코어의 서비스이다. 은행 등 점포에 직접 가지 않고 인터넷상에서 개인정보를 입력하기만 하면 점수에 걸맞은 이율과 대출 한도를 알 수 있다.

내 신용도는 얼마쯤 될까ㅡ.

제이스코어가 준비한 질문은 모두 160여 가지나 되지만 주거지, 직종, 연봉, 가족 구성 등 기본적인 20가지 질문에 대한 답만 해도 점수는 낼 수 있다. 먼저 여기서부터 시작했다. 기자는 도쿄에 있는 아파트를 빌려 살고 있다. 결혼은 했지만 아이는 없다. 5분 만에 답변을 마치고 입력 버튼을 누르자 1천 점 만점 중 828점이라는 점수가 나왔다.

600점 이상의 점수를 받은 사람에게는 대출 조건이 제시된다. 기자의 경우 금리 7.6퍼센트로 330만 엔까지 빌릴 수 있다고 한다. 예전에 지갑을 분실해

카드회사의 소액 신용 대출을 이용했을 때의 이율이 10퍼센트대 후반이었으므로 확실히 이번에는 좋은 조건이 제시되었다고 볼 수 있다. 실제로 빌릴 때는 다시 정식으로 여신 심사를 의뢰해 서류 제출 등 추가 절차를 밟아야 한다.

그건 그렇다 치더라도 어떤 요소가 어떻게 점수의 증감에 영향을 미치는 걸까?

시험 삼아 주거를 '임대'에서 '자가'로 바꾸어보니 점수가 단숨에 41점이나 올랐다. 부동산 담보를 평가받은 걸까? 그렇지 않으면 임대로 사는 사람보다 자기 소유의 집에 사는 사람 쪽을 우량 고객으로 간주하는 걸까? 일단 임대주택으로 조건을 돌려놓고 이번에는 주소를 바꾸어보기로 했다. 부유층이 많다고 알려진 '도쿄도 미나토구'라면 어떨까? 결과는 9점 상승이었다.

'여성'으로 바꾸기만 해도 7점 내려간다

놀라운 것은 다른 조건이 완전히 똑같고 성별을 '여성'으로 바꾸었더니 7점이 내려갔다는 점이다. 금리 7.9퍼센트, 대출 한도 300만 엔으로 대출 조건도 나빠졌다. 이 시스템은 여성에게 불리한 걸까? 의문을 품고 다른 조건도 여러모로 바꾸어보니 여성 쪽이 높은 점수가 나오는 사례도 있다는 사실을 알았다. 결혼 여부나 취직 상황, 아이가 있느냐 없느냐에 따라 점수가 바뀌는 복잡한 구조인 모양이다.

제이스코어에 따르면 점수 산출은 미즈호은행과 소프트뱅크가 가지고 있는 개인 대출과 휴대전화 요금 실적 등의 데이터를 바탕으로 설계되어 있다. 앞으로도 대출 실적 등 데이터를 새롭게 더하여 모델을 수정해 정밀도를 높여

간다고 한다.

나머지 140가지 넘는 질문에도 답해보았다. '자주 쓰는 앱', '텔레비전 크기', '외식 빈도', '어학 능력'—. 경력이나 취미 외에 매달 쓰는 통신비부터 성격 진단까지 질문은 다양한 분야에 걸쳐 있었고 답하는 데 30분 넘게 걸렸다. 두근두근하면서 점수의 변화를 지켜보았지만 실제로는 6점 올랐을 뿐이었다. 살짝 맥이 풀렸다.

얼핏 관련 정도가 희박해 보이는 데이터로 관계성을 찾아내는 것은 인공지능의 장기이다. 머리로는 그렇게 이해하고 있어도 '이렇게까지 적나라하게 개인정보를 속속들이 드러낼 필요가 있을까?' 하는 불안도 싹텄다.

제이스코어는 2018년 7월부터 더욱 기능을 확장했다. 스마트폰 전용 앱도 사용할 수 있게 되었다. 앱은 만보계나 수면 시간 관리, 가계부 등의 기능도 갖추고 있다. 회사에 따르면 생활 습관 개선을 돕기 위한 기능이라는데, 이용자의 동의하에 이런 실측 데이터도 점수 산출에 활용된다고 한다. 온갖 데이터로 개인의 신용도가 점수화된다.

중국 알리바바의 '즈마신용'이나 미국의 온라인 대출 업체 '렌딩클럽' 등의 사례처럼 온갖 데이터를 분석해서 개인의 신용도를 측정하는 구조는 전 세계로 퍼지고 있다. 직접 그 구조를 체험해보고 종래의 금융 서비스보다 유리한 조건이 제시될 수 있다는 사실도 알았다. 하지만 그 편리함을 위해 앞으로 수면 시간이나 가계부 사정까지 낱낱이 밝힐 마음이 들까? 간단히는 답이 나오지 않는다.

점수를 산출하는 기술도 발전하는 과정에 있다. 인공지능이 집계한 점수가

정말로 정확할까. 사용하는 쪽으로서는 그런 의문도 늘 뒤따른다. 실제로 일

본에서 점수화 기술의 선발주자로 나선 제이스코어도 그 후 성별의 영향을 약

화하는 수정을 가했다.

3장

채점되는 인생

개인에게 값을 매기는 사회

데이터 경제가 생활 전반에 침투하면서

온갖 가치를 점수화하는 사회가 찾아왔다.

인공지능에 의한 분석은

매몰된 가치를 발굴하는 한편

새로운 빈곤층을 낳을 위험도 품고 있다.

디지털 빈곤층 5.4억 명 ──────○

2018년 가을. 베트남 호찌민에 사는 회사원 조디에 쯔이는 월급의 절반에 가까운 1천만 동(52만 원 상당)을 주고 스마트폰을 샀다. 개인정보가 '채점'된 덕분이었다.

숨은 신용을 발굴하다

그가 사용한 것은 대출 앱 '홈크레디트'. 스마트폰 요금의 납부 기록과 페이스북의 친구 관계 등의 데이터를 900점 만점으로 평가해 대출 조건이 정해진다. 점수는 본인에게 밝히지 않지만 쯔이는 월 이율 1퍼센트로 600만 동을 빌렸다. 매우 간단했다.

점수 대출은 동남아시아나 인도처럼 금융 인프라가 빈약한 지역에서 이용자가 증가하고 있다. 은행처럼 근무처나 수입 확인 같은 서류투성이의 심사는 없다. 주로 스마트폰에서 생활 데이터로 신용을 측정한다.

세계은행에 따르면 은행 계좌가 없는 사람은 전 세계에서 17억 명에 이른다. 하지만 그중 3분의 2는 휴대전화를 가지고 있다. 점수 대출은 종래의 금융이 간과한 신용을 발굴하여 창업 같은 기회를 잡을 수 있도록 한다.

점수화(스코어링) 기술의 활용을 둘러싼 경쟁이 세계에서 시작되었다. 한국 결제 서비스 분야의 거물 카카오페이는 2017년 세계 최대의 신용 채점 시스템 '즈마신용'을 거느린 중국의 알리바바 계열과 자본 제휴를 맺었다. "한국판 즈마신용을 만들 가능성이 있다."(카카오페이) 한국 정부는 개인정보보호법 규제 완화를 검토하며 지원을 해주고 있다. 유럽이나 미국, 일본에서도 신용 점수 대출 시장에 뛰어드는 기업이 잇따르고 있다.

하지만 점수가 늘 약자를 돕는다고는 할 수 없다. 딜로이트토마츠컨설팅 Deloitte Tohmatsu Consulting 은 2019년 4월, 2030년까지 세계 주요 20개국에서 최대 5억 4천 명의 버추얼 슬럼이 생겨날 것이라고 추산했다. 15세에서 64세의 생산연령인구 중 여섯 명에 한 명이 빈곤층으로 전락할 것이라는 예측이다.

'버추얼 슬럼 virtual slum'은 앞으로 나타날 것으로 보이는 새로운 빈곤층이다. 개인의 점수가 취업, 주택 임대 등 많은 분야에서 공유되면 점수가 낮은 사람은 모든 영역에서 배제된다. 취업에 실패

해 낮은 임금을 받고 이런저런 일자리를 전전하다 보면 더욱 점수가 낮아지는 악순환이 일어난다. "심각하고 벗어나기 힘든 처지에 내몰리는 거죠."(딜로이트토마츠컨설팅 매니저)

새로운 빈곤층의 등장이 가장 임박한 것으로 보이는 나라가 중국이다. 민간 기업이 매긴 즈마신용 점수는 구매 이력, 교우 관계 등을 망라한다. 정부도 개인정보를 관리하고 과거에 부정을 저지른 사람에게 항공권 이용 등을 금지하고 있다. 민관 양쪽에서 더욱 데이터 관리에 박차를 가하면 신용이 낮은 사람은 사회 전체에서 배제될지도 모른다.

차별의 재생산

점수가 사회적 차별과 편견을 조장할 위험도 있다. 2019년 3월 미국 로스앤젤레스 경찰 본부. 항의하는 1천 명 이상의 시민을 앞에 두고 마이클 무어 본부장이 입술을 깨물었다.

"데이터의 사용법을 시정하겠습니다."

2011년부터 사용한 범죄 예측 시스템이 항의의 대상이었다.

인공지능이 과거의 수사 정보를 분석해서 범죄를 일으키기 쉬운 인물과 지역을 나타냈다. 그 결과 범죄는 일부 줄었지만 흑인 등에 대한 과잉 단속으로 이어졌다는 지적이 나왔다. 과거 수사에 인종차별의 영향이 작용하여 차별을 재생산했다는 비판을 불러왔다.

데이터에서 생겨난 점수가 개인의 인생이나 사회의 향방도 좌우한다. 지금껏 한 번도 본 적 없는 새로운 세계가 다가오고 있다. 쩔 쩔매고만 있으면 소용없다.

유엔 세계식량계획WFP은 새로운 난민 지원책을 검토하고 있다. 고국에서의 교육, 경력 등의 기록을 피난처로 옮길 수 있게 한다는 방침이다. 세계식량계획이 지원한 61개국 3천만 명 이상의 데이터 를 바탕으로 한다.

난민은 대부분 고국의 기록을 잃는다. 점수 평가의 대상도 되지 못하고 노숙자나 다름없는 신세로 내몰린다. "과거를 운반할 수 있 다면 제로에서 출발하는 비극을 막을 수 있다"라고 세계식량계획 의 최고정보책임자 엔리카 포르카리Enrica Porcari는 기대한다.

데이터 경제를 떠받치는 기술은 때로 리스크가 된다. 동시에 기 업과 국가의 틀을 뛰어넘어 세계의 난제를 해결하는 잠재력도 지닌 다. 어떻게 제어할 것인가. 풍요로 인도할 길을 생각할 때가 왔다.

버추얼 슬럼

인공지능으로 개인의 신용도를 수치화하여 점수로 평가하는 시스템은 편 리함을 가져오지만, 한편으로 '버추얼 슬럼'이라는 새로운 빈곤층을 낳는 다는 우려가 커지고 있다. 기계적인 데이터 분석으로 일단 낮은 평가를 받 으면 온갖 사회 서비스에서 배제되고 거기서 좀처럼 벗어날 수 없는 상태에 다다른다.

그런 점수 평가 시스템의 대표 격이 인공지능을 이용한 여신 심사이다. '신용 점수'라고 해서 수입이나 은행 대출 상황을 바탕으로 개인의 신용도를 채점한다. 높은 점수를 받으면 낮은 이율로 대출을 받는 등 혜택을 누릴 수 있다.

대표적인 사례가 미국의 신용관리 업체 페어아이작 Fair Isaac 이 산출하는 '파이코 FICO 스코어'이다. 이 지수는 850점 만점으로 이용자의 점수를 낸다. '빈곤'으로 간주하는 579점 이하는 전체의 16퍼센트로, 신용카드 발행이나 대출 심사에서 불리해진다.

현재 인공지능에 의한 점수 평가는 주로 금융 분야에서 쓰이고 있지만, 앞으로는 취업, 주택 임대, 결혼 서비스 등 다양한 분야에서 공유될 것으로 예상된다. 일단 낮은 점수를 받은 사람은 인생의 모든 상황에서 불리한 입장에 놓이고, 재도전할 기회조차 잃을지도 모른다.

게이오기주쿠대학의 야마모토 다쓰히코 교수는 이런 상태를 '버추얼 슬럼'이라 표현하며 빈곤층의 확대와 고정화로 이어질 우려가 있다고 지적했다. 야마모토 교수는 "인공지능의 판단 근거를 명확히 하고, 낮은 점수에서 벗어날 방법을 제시하는 것이 중요하다"라고 말한다.

점수가 심각한 빈곤 문제를 일으키지 않도록 활용법에 대한 지혜를 짜내야 한다.

편향된 리뷰 사회 _____。

2019년 4월 주말 심야의 미국 실리콘밸리. 승차 공유 서비스 '우버'의 기사 에버렛 티어스는 좀처럼 가만있지 못했다. 승객이 내릴 때마다 애차 혼다 어코드의 뒷좌석으로 가서 시트가 더럽지 않은지, 종이 쓰레기가 남아 있지 않은지 확인했다.

"점수가 떨어지면 정말이지 못 견뎌요."

다량의 구매 데이터로 온갖 상품과 서비스를 채점한다. 기업이나 노동자도 그런 점수 평가 시스템에 노출된 일상에 어느덧 익숙해졌다.

승객 접대에 필사적

우버는 승객이 기사를 최고 별점 5점의 5단계로 평가한다. 일정

수준을 밑돌면 승객 할당 감소 같은 페널티가 기다린다. 격전지인 실리콘밸리에서는 4.6 이하로 떨어지면 자리를 잃는다. 4.92를 받은 티어스도 멍하니 있을 수만은 없다.

"타호호수에는 가보셨습니까? 가시려면 5월에서 6월까지가 딱 좋습니다."

차 안에서는 승객의 접대에 힘쓰고, 트렁크에는 무료로 나누어주는 음료수병을 쌓아놓았다. 2018년 초 어깨가 아파서 건설 현장 인부에서 우버 기사로 전직했다. 주당 1천700달러를 벌면서 형편은 나아졌지만 점수에 일희일비하는 나날이 이어지고 있다.

입에서 입으로 전해지는 정보나 소문도 평가(리뷰)로 가시화된다. 데이터의 세기는 개인의 감이나 경험마저 수치화하여 생활을 훨씬 편하게 만드는 서비스를 만들어낸다. 하지만 토대가 되는 데이터에 편향bias도 뒤섞인다.

철강의 도시 미국 피츠버그. 2019년 4월, 아동 상담원 제니퍼 사전트는 지역 초등학교에서 긴급 연락을 받았다. "등교를 거부하는 아동이 있다. 집에서 제대로 된 식사를 하지 못하고 있을지도 모른다." 컴퓨터에 순식간에 '중위의 학대 위험 있음'이라는 경고가 떴다.

아동 학대 예측 시스템이 도입된 것은 2016년이다. 출생신고서나 건강 정보, 보호관찰 이력을 바탕으로 인공지능이 20단계로 위험도를 계산한다. 인력 부족을 메울 목적이었지만, 책임자인 에린

돌턴은 어떤 데이터를 쓸지 늘 고민스럽다고 말한다.

실제로 시민들 사이에 빈곤 가정만 표적으로 삼고 있다는 비판이 일어 개선하라는 요구에 시달려왔다. 현재는 인종 데이터의 이용을 보류하고 있다. "정밀도만 생각하면 되는 게 아니다." 최적의 답을 찾기 위해 돌턴은 끊임없이 고민하고 있다.

늘 따라다니는 자의

데이터를 만드는 것이 사람인 이상 그 데이터를 기준으로 삼는 점수에도 사람의 자의성이 섞이기 마련이다.

2019년 2월, 미국 아마존에서 건강보조제를 파는 냇 제이콥스는 고개를 숙였다. "소비자와 규칙을 따르는 기업에 손해를 입힌다." 손에 든 것은 미국 연방거래위원회FTC가 보낸 소송장이다.

발단은 2014년. "1천 달러를 낼 테니 별점 4.3의 고평가를 유지해달라." 전문업자에게 메일을 보내자 그 자리에서 열 건이 넘는 리뷰가 상품을 칭찬하는 말과 함께 등록되었다. 금전을 대가로 평가를 높이는 '가짜 리뷰'에 손을 대고 만 것이다.

"'더러운dirty' 데이터가 인공지능의 예측 기능을 망가뜨린다"라고 뉴욕대학 법대 제이슨 슐츠Jason Schultz 교수는 경고한다. 옥석이 뒤섞인 점수를 가려낼 수 있을까. 사용하는 쪽인 우리의 눈이 흐려져 있다면 허구만 가득한 세계가 찾아오고 만다.

페이크 리뷰

"신상품입니다. 별점 다섯 개 리뷰를 확인하는 대로 돈을 돌려드립니다."

페이스북에는 이런 모집 글이 넘쳐나는 페이지가 있다. 그 상품을 실질적으로 무상 제공하는 대신 아마존의 상품 평가란에는 최고점인 별점 다섯이 달린다. 광고라는 것을 숨긴 채 입소문처럼 상품을 칭찬하는 내용을 적어 올리는 '스텔스 마케팅'의 일종이다.

'페이크 fake (가짜) 리뷰'라고 일컫는 이런 수법은 세계적으로 널리 쓰이고 있다. 일본에서도 페이스북으로 전기전자 제품부터 의류, 일용품 등 다양한 분야에서 폭넓게 가짜 리뷰를 모으고 있다. 모집책은 광저우시나 선전시 등 중국 거주자가 두드러지는데, 기업에서 상응하는 수수료를 받는 것으로 보인다.

구글도 2018년 12월, 앱 판매 사이트 '구글플레이'에서 수백만 건의 가짜 리뷰를 삭제한다고 발표했다. 작위적인 리뷰는 음식점 예약, 여행 비교 사이트에서도 횡행하고 있어 각국의 규제 당국도 신경을 곤두세운다.

미국 연방거래위원회는 2019년 2월, 한 업체가 금전을 대가로 체중 감량 보조제의 가짜 리뷰를 요구한 것이 소비자를 혼란에 빠뜨린다고 판단하여 제소했다. 가짜 리뷰를 올리는 전문업자와 주고받은 메일 등이 증거가 되어 연방거래위원회 최초의 가짜 리뷰 적발로 이어졌다.

"21세기의 리뷰 정보는 20세기의 신용 이력보다 큰 힘을 가진다"라고 영국 옥스퍼드대학 레이철 보츠먼 Rachel Botsman 교수는 지적한다. 우버 같

은 승차 공유 서비스나 에어비앤비 같은 숙박 공유 서비스가 새롭게 나타

나고, 개인에 의한 평가의 축적이 새로운 사회의 기초가 될 것으로 보인

다. 다만 그 정보에 조작의 여지가 있다면 애써 만든 가능성도 흔들릴지 모

른다.

미완성의 로봇 채용 시스템 ————o

2018년 가을. 개인 대출 서비스 업체 제이스코어의 회의실에서 경영진이 논의를 거듭하고 있었다.

"남녀차별이라고 오해받을 수 있다."

"하지만 데이터에는 오류가 없다."

점수의 남녀 차이

제이스코어는 미즈호은행과 소프트뱅크가 공동으로 출자한 기업이다. 개인의 학력과 취미, 성격 등으로 인공지능이 1천 점 만점으로 점수를 내서 대출 조건을 정하는 서비스를 2017년 9월부터 시작했다. 약 1년 만에 수입, 직업 등 다른 조건이 같아도 성별을 남성에서 여성으로 바꾸기만 해도 점수가 내려간다는 지적이 쏟아졌다.

이 회사의 최고정보책임자는 고민 끝에 성별의 영향을 약화하는 방향으로 수정을 단행했다. 그렇게 되면 분석의 정밀도가 떨어질 우려도 있었지만 인권을 배려한다는 이해를 얻는 것이 최우선이라 판단했다. 신용 점수에 따른 대출은 일본 사회에 도입된 지 얼마 되지 않았다. 이용자의 신용을 잃으면 사업 자체가 허사가 될 수 있다고 본 것이다.

점수화 기술을 지탱하는 인공지능은 방대한 데이터를 분석할 수 있다. 하지만 인공지능의 예측에 모든 것을 맡겨도 될 만큼 기술이 무르익지 않았다.

"맡기기에는 아직 이르다." 일본담배산업주식회사JT는 2018년 인턴 채용 전형에서 인공지능 면접을 시행했지만, 신규 졸업생 채용 전형에 도입하는 것은 보류했다. 면접관이 놓친 인재를 발탁할 것을 기대했지만 실제 면접과 평가가 너무 달랐다. 스마트폰에서 끊임없이 흘러나오는 인공 음성의 질문에 학생들은 진절머리를 쳤고, 담당자는 오히려 역효과라고 느꼈다.

여신이나 인사 등 담당자의 경험과 감이 큰 몫을 차지하던 분야에서 점수를 판단 기준으로 바꾸려는 시도가 이루어지고 있다. 하지만 데이터 알고리즘이 산정한 점수에 어디까지 맡길 수 있을까. 좀처럼 답이 보이지 않는다.

직원의 반발에 대한 우려도

직원의 메일 문장을 인공지능이 분석해서 부정행위의 조짐이나 이직 가능성을 측정하는 시스템을 도입하려는 움직임도 나타나고 있다. 한 대형 제약회사는 연구 데이터의 유출 방지를 위한 비장의 대책으로 그 방법을 검토했지만 감시받는다는 것을 안 직원이 반발할 수도 있다는 반대의 목소리가 높아 단념했다. 데이터 분석으로 업무의 효율을 높여도 직원의 의욕을 꺾으면 본말이 전도되고 만다.

"지나치게 맡기지는 않는다"라는 접근법을 시도하는 기업도 있다. 취업 정보 서비스를 제공하는 리쿠르트커리어이다. 이 회사는 사내의 인사이동에 적극적으로 데이터를 활용한다. 독자적인 인공지능으로 직원의 성격 등을 분석해서 능력 점수를 산출한다. 그 결과 "소질을 발휘할 수 있는 분야는 영업직"이라는 식으로 적성을 예측한다. 한편 인사부의 한 매니저는 "인공지능의 판단은 어디까지나 인사 담당자의 참고 정보일 뿐이다. 중요한 것은 사람이 결정해야 당사자가 받아들일 수 있다"라고 강조한다. 리쿠르트커리어는 인공지능을 보조적인 역할에 머무르게 하고 적절한 활용을 위한 타협점을 찾는다고 한다.

그렇더라도 "무엇이 데이터의 적절한 활용인가"라는 질문에 답하기는 어렵다. 인사 담당 인공지능에 관한 취재를 마치고 약 4개월이 지난 후인 2019년 8월, 바로 이 리쿠르트커리어가 운영하는 취업 정보 사이트 '리쿠나비'에서 취업 준비생의 내정사퇴율 예측 데이터를 기업에 판매한 문제가 드러났다. 데이터 활용에 세심한 주의를 기울이고 있다는 대외적인 어필과는 크게 어긋나는, 조잡한 데이터 관리의 실태가 세상에 드러난 것이다.

인공지능의 이용에서는 사람이 판단과 결정을 내릴 필요가 있다―. 2018년 3월, 일본 정부가 정리한 '인공지능 사회 원칙'은 인간 중심의 사고방식을 나타냈다. 데이터에서 산출한 점수를 이용할 수 있는 상황이 늘어날수록 인간의 책임은 오히려 무거워진다.

HR 테크

채용과 노무 등 기업의 인사 분야에서 데이터를 활용하는 새로운 테크놀로지가 보급되고 있다. 인사HR, Human Resource에 테크놀로지를 붙인 데서 'HR 테크'라고 불리는 새로운 서비스가 속속 등장했다.

HR 테크는 직원의 특성이나 능력을 가시화하는 기술이다. 업무의 효율화와 직원의 생산성 향상을 목적으로 도입하는 사례가 많다. 인공지능 같은 관련 기술이 진화하여 일부 업무를 대행하는 것도 가능해졌다.

HR 테크의 효과가 특히 기대되는 분야의 하나가 채용 업무이다. 이를테면 소프트뱅크는 신규 졸업자 채용 과정에서 학생의 지원서를 가려내는 데 인공지능을 활용한다.

인사 담당자의 판단을 거친 방대한 과거 데이터를 인공지능에 학습시켜 다음 단계로 나아갈 후보를 자동으로 가려낸다. 지원서 문장을 분석해 "정보기술에 관심 있다", "해외 사업에 도전하고 싶다" 같은 학생의 특성을 끄집어내어 회사에서 요구하는 인재상과 얼마나 일치하는지를 점수화한다. 이런 기술의 도입으로 1차 전형에 걸리는 시간을 75퍼센트 절감할 수 있었다. 서류 작업에 드는 수고도 아끼고, 채용 담당자가 학생과 직접 면담하는 2차 전형 이후의 시간을 충분히 확보할 수 있었다. 다만 인공지능이 채용하지 않는다고 판단한 학생의 지원서는 반드시 사람이 직접 살펴보고 1차 전형의 합격과 불합격 여부를 판단한다.

직원의 이직을 막거나 일하기 좋은 직장 환경을 만들기 위해 데이터를 활용하는 사례도 늘고 있다. 근태 기록, 고과표, 직원 설문지를 인공지능이 읽어 들여 직원의 '퇴직 리스크'를 수치화한다. 분석 결과를 바탕으로 상사가 필요한 조치를 하는 구조이다.

정보기술 시장 조사 전문 기업인 믹경제연구소에 따르면 HR 테크와 관련한 일본 시장은 2023년에 현재의 4배인 1천20억 엔 규모로 확대될 전망이다. 성장은 계속되지만 과제도 있다. HR 테크도 사람이 만들어낸 데이터를 기준으로 하는 이상 편향이 섞여 있을지도 모른다. 채용 등에서 부당한 차별을 막기 위해 사용하는 기업은 투명성을 반드시 확보해야 한다.

점수를 되찾아라 _____○

페이스북 같은 소셜미디어에서 은밀히 수집한 개인정보. 광고비로 환산하면 얼마나 될까.

아르헨티나에 거점을 둔 스타트업 웝슨^{Wibson}에서 시험 삼아 계산해보니 1인당 연 240달러였다. 그 점을 눈여겨본 웝슨은 개인정보 매매 앱을 개발했다. 웹상의 개인 공간이나 소셜미디어에 올린 글, 단말기 정보 등을 자신이 선택한 기업에 직접 팔 수 있다. 이용자는 가상화폐(토큰)로 대가를 받는다.

6만 건의 매매 성립

스페인에 사는 기술자 조엘 페레로는 2018년 여름부터 자신의 개인정보를 수십 개 회사에 팔았다. 그 대가로 받은 것은 총 1천

500토큰. 금액으로 환산하면 고작 1달러에 불과하지만, 이용자가 늘면 토큰의 가치가 올라갈 것이라며 선행 투자를 하는 심정으로 거래한다.

웹슨은 2019년 3월, 도쿄 긴자에서 일본 설명회를 열었다. 세계적으로 이용자는 1만 4천 명, 성립한 매매는 6만 건을 넘는다. "자신의 개인정보가 어디에 제출되고 어떻게 쓰이는지 선택하는 시대가 오고 있다"라고 이 회사의 사업 개발 책임자는 말한다.

이용자가 모르는 곳에서 개인이 점수화되고 가격이 매겨지는 시대. 폐해에 대한 지적이 이어지는 가운데 이용자가 점수의 주도권을 되찾으려는 시도가 곳곳에서 이루어지고 있다.

치우친 정보의 배제

"vui mừng"(베트남어로 '매우 기쁘다')

"Muy apropiado"(스페인어로 '매우 적절하다')

2018년 말, 분산형 디지털 저장 기술인 블록체인이 발달한 스위스 추크에 거점을 둔 신흥 기업 콜렌디Colendi가 '공정한' 신용 점수화 서비스를 공개하자 전 세계에서 극찬이 쏟아졌다. 기존의 점수화 기술은 지역이나 문화에 따라 편향되기 쉽다. 콜렌디는 성별이나 인종같이 편견이 들어가는 데이터는 일절 사용하지 않는다. 데이터 판매업자가 가져온 출처 불명의 정보도 배제하여 전 세계에서 통용되는 점수를 산출한다. 이용자는 120개국으로 확대되었다.

쉽사리 점수가 매겨지는 것을 바라지 않는 이용자의 반응에 기업 쪽도 민감하다. 2019년 3월, 가계부 앱 개발회사 머니포워드 MoneyForward는 데이터 사용 방법을 탐구하는 연구소를 설립했다. 가계부는 쇼핑 기록 등 개인의 생활과 밀접한 데이터의 보고寶庫이다. 이 회사의 최고기술책임자는 "지금까지 없던, 더 정확한 신용 점수에 의한 융자도 가능해진다"라고 말한다.

다만 이용자가 어떻게 느끼느냐가 중요하다며 신중하게 진행한다는 방침이다. 새로운 수익원을 모색하는 기업으로서는 잠들어 있는 고객 데이터를 활용하는 것이 중요한 일이지만 이용자의 반발을 초래했다가는 모조리 잃고 만다.

점수가 당연해지는 사회는 이미 가까이 와 있다. '채점자'는 구글이나 페이스북 등 GAFA만이 아니다. 새로운 테크놀로지가 잇달아 탄생하는 가운데 가만히 멈춰서 있을 수만은 없다.

"개인은 기계만이 중요한 결정을 좌우하지 않게 할 권리를 가진다." EU는 2018년 5월에 도입한 일반개인정보보호법에서 이렇게 명시했다. 일본도 비슷한 제도를 검토하고 있지만 중요한 것은 토대가 되는 사상이다. 긍정적인 면과 부정적인 면을 동시에 갖춘 점수를 어떻게 잘 다루고 얼마나 인생을 풍요롭게 할 것인가. 규칙을 만들고 정하는 것은 우리 자신이다.

분산형 점수

금융과 정보기술을 결합한 핀테크는 신용 점수의 진화를 촉진한다. 새롭게 나타난 흐름은 가상통화의 기반 기술로 발달한 블록체인을 활용하는 것이다. 중요한 데이터를 분산해서 관리하는 구조를 활용하여 더 편리하게 점수를 사용하는 시도가 곳곳에서 나타나고 있다.

분산형 점수의 특징은 특정 기업에 개인정보의 관리를 맡기지 않아도 된다는 점에 있다. 기업의 시스템으로 집중 처리하는 것이 아니라 이용자끼리 서로 데이터를 관리하기 때문이다. 스마트폰이나 소셜미디어의 활용 데이터 등 폭넓은 정보도 가미한다.

이점으로는 세 가지를 들 수 있다.

첫째, 대기업에 의한 점수 독점의 폐해를 줄일 수 있다. 미국은 '파이코 스코어', 중국에서는 '즈마신용'이 사실상 표준으로 보급되고 있다. 하지만 이런 점수로 한번 낮은 평가를 받으면 생활이 불편해지고 그대로 격차가 굳어질 수도 있다.

만일 달리 선택지가 있다면 대기업에서 낮은 평가를 받은 이용자도 만회 가능성이 있다. 관련 기술을 개발하는 콜렌디는 "기존 점수로는 세계에서 약 30억 명이 신용상 무가치하다거나 융자를 받을 수 없는 사람으로 낙인이 찍힌다"라고 지적한다.

둘째, 국경을 넘어 점수를 이용하기도 쉬워진다. 이를테면 일본에서 미국으로 전근하면 미국에서의 금융 이력이 없어서 필요한 점수를 얻지 못하여 주거를 구하기가 어려울 때가 있다. 분산형 점수는 소셜미디어 등 세계 공통의 다양한 데이터로 신용도를 산출하기 때문에 특정 국가의 금융 정보 따위는 필요가 없다.

마지막으로 높은 안정성을 들 수 있다. 개인정보를 집중적으로 관리하는 기존의 대기업 점수와는 달리 분산형 기록은 수정하기가 쉽지 않다. 이 때문에 시스템이 공격을 받더라도 의도치 않은 대량 유출 등의 피해를 줄일 수 있다.

다만 분산형 점수도 새로운 독점을 낳을 가능성은 있다. 많은 기업의 참여를 유발하여 이용자가 사용하기 쉬운 점수를 선택할 수 있는 환경을 반드시 만들어야 한다.

"아마존이 명품의 짝퉁 판매를 방임하고 있다."

명품의 모조품 문제에 대처하는 일본 전문가들 사이에서 그런 말이 나왔다. 아마존은 다른 온라인 쇼핑 사이트보다 심사가 허술하고 악질 업자에 의한 부정한 상품 판매가 집중되고 있다고 한다. 그 비판은 정말일까? 한 기자가 아마존닷컴의 일본 사이트에서 모조품의 유무를 찾아보고 직접 판매자로 등록해서 진위를 확인해보았다.

아마존은 인공지능을 이용한 부정행위 검사 시스템을 갖추는 등 모조품 검색 대책에 힘을 기울인다고 알려져 있다. 기자가 찾아낸 것은 아마존의 부정행위 대책에 의외로 구멍이 많다는 점, 신용 저하로 이어질 수 있을 만큼 대응이 위태롭다는 점이었다.

업자의 거짓말에 눈감다

2019년 2월 이후 기자는 아마존 사이트에서 모조품을 판매하고 있는지 찾아보았다. 금세 명품 브랜드 '고야드'의 가방, 'MCM'의 지갑 등 많은 모조품이 팔리고 있는 것을 발견했다. 어느 것이나 정품이라며 팔고 있지만 표시 가격은 본래 가격의 절반, 싸게는 10분의 1 이하였다. 직접 사서 전문가의 검증을 받아보니 하나같이 모조품으로 판명되었다.

도쿄의 백화점에 있는 고야드 정식 매장의 종업원은 한눈에 "정품이 아닙니다"라며 쓴웃음을 지었다. 악질 업자의 부정 판매였다. 시험 삼아 물에 적셔 보니 염료가 금세 지워지는 품질이 조악한 제품이었다.

아마존은 이런 부정행위를 눈감아줄 뿐 아니라 '추천 상품'으로 띄우기까지 했다. 아마존에는 사이트에서 판매되는 상품 가운데 아마존이 특히 추천하는 것에 '아마존 초이스' 마크를 붙인다. 기자가 확인한 것만도 스무 개 이상의 모조품에 이 마크가 붙어있었다.

업자에게 연락하기 위해 아마존에 등록된 정보를 확인하고는 깜짝 놀랐다. 등록 정보의 다수가 거짓이었기 때문이다. 전화번호는 자릿수가 일반적인 번호보다 하나 많아서 아예 연결되지 않았고, 주소도 존재하지 않는 번지이기 일쑤였다. 고야드 모조품을 팔던 업자가 등록한 주소는 아이치현 가리야시로 되어 있었지만 기자가 직접 찾아가보니 그곳은 신축 아파트 건설 현장이었다. 사무실은 찾을 수 없고 연락도 되지 않았다.

모조품 방지 대책에 대하여 아마존재팬 측에 물어보니 "모조품의 판매는 엄격히 금지하고 있다"라고 강조했다. 인공지능으로 사진 등 데이터를 분석하는 부정행위 적발 시스템도 갖추고 있다는 설명이었다. 한편 명품의 권익 보호 단체인 '제조업자협회 Union des Fabricants' 도쿄 사무국 국장은 "담당자에 의한 등록 정보 확인 같은 대처가 미약하다"라고 지적했다.

어느 쪽 주장이 옳을까. 기자가 직접 아마존에 판매자 등록을 해보기로 했다. 아마존과 똑같이 개별 업자가 파는 상품이 많은 라쿠텐에도 등록을 신청해 심사 내용을 비교했다. 다만 실제로 상품을 팔지는 않았다.

등록 절차에 허점

상품 등록에 이용한 것은 기자의 개인용 메일 주소와 신용카드 등이다. 허위 정보가 걸러지는지 확인하기 위해 전화번호와 주소만은 일부러 존재하지 않는 것을 입력했다.

반응이 빠른 것은 라쿠텐이었다. 등록 절차를 밟는 도중에 담당자로부터 "전화했지만 부재중이었다"라는 메일이 도착했다. 신원 확인을 위해 주민등록표나 인감증명서 등을 제출하라는 요구도 있었다. 허위 정보가 있으면 등록할 수 없는 구조였다. 등록 심사에는 2주 이상이 걸렸다. 등록 후에도 모조품의 판매가 하나라도 확인되면 판매는 전면적으로 금지될 수 있다고 규정에서 명시하고 있었다.

한편 아마존의 판매자 등록 과정에서 실질적인 심사는 신용카드 인증뿐이었다. 존재하지 않는 전화번호와 주소에 대한 지적 없이 몇 시간 만에 등록이 완료되었다. 그 후 한 달 이상 지나도 담당자의 지적이나 확인은 없었다.

아마존이 소비자가 지적하는 부정행위에 어떻게 대응하는지도 확인해보았다. 먼저 실제로 구입한 고야드 모조품에 대하여 사이트의 평가란에 "이 상품은 모조품이었다"라는 글을 올렸다. 그러나 올린 글은 표시되지 않았고 아마존에서 "공개할 수 없다"라는 메일이 왔다. 내용이 약관에 위반된다는 설명이었다. 아마존은 타인을 헐뜯거나 괴롭히는 글은 올리지 못하도록 가이드라인에서 금지하고 있다.

기자는 2019년 3월부터 4월에 걸쳐 모조품으로 확인된 여덟 점 이상의 상품에 대하여 부정을 지적하는 글을 거듭 올렸다. 하지만 모두 '가이드라인 위반'이라는 이유로 비공개로 처리되었다. 부정한 판매라고 다른 소비자에게 경고하고 싶었지만 그 바람은 이루어지지 않았다.

신용을 뒤흔들 위험도

아마존이 미국의 4대 정보기술 기업인 GAFA 중 향후 잠재적인 성장 능력이 가장 크다고 보는 견해도 있다. 인터넷을 통해 방대한 데이터를 모을 뿐 아니라 물류, 데이터센터, 실질 점포 등 인프라도 갖추고 세계 소매시장에서 압도적인 지위를 쌓아올렸기 때문이다. 아마존은 연간 1천657억 달러의 매출을 올리며 미국 온라인 쇼핑 분야에서 절반에 가까운 점유율을 나타내고 있다. 일본에서도 이용자 4천만 명 이상, 매출 약 1조 5천300억 엔으로 라쿠텐을 능가하는 규모로 성장해왔다.

하지만 부정 판매에 대한 심사의 허술함이 반석처럼 튼튼해 보이는 아마존의 발목을 잡아챌지도 모른다. 서비스의 효율성과 사용의 편의성을 지나치게 추구한 나머지 부정한 판매에 대한 대응에 틈을 보인다면 아마존 자체의 신뢰가 흔들릴 수 있다.

아마존재팬은 2019년 4월, 유료 회원 '프라임'의 연회비를 인상한다고 발표했다. 인터넷상에는 "가격을 올릴 것 같으면 판매자 관리부터 제대로 하기 바란다"라는 말이 나오는 등 이용자의 눈도 엄격해졌다. 가짜 뉴스의 범람, 개인정보 취급의 허술함으로 세계적인 비난을 받은 페이스북의 사례는 강 건너 불구경으로 끝낼 일이 아니다.

아마존은 부정행위 방지에 힘을 쏟고 있다고 강조한다. 그러나 판매자 등록 절차에서는 라쿠텐보다 확인 작업이 적고, 실제로 판매되는 상품 가운데 모조품이 있다는 지적이 들어와도 적극적으로 반응하지 않는 것이 현실이다.

한편으로 반품 절차는 신속했다. 악질 업자와는 연락이 닿지 않더라도 상품 발송과 반품 절차는 아마존이 대행하기 때문에 문제가 일어나지 않는 구조이다. 모조품으로 판명된 상품을 반송했더니 일주일 안에 발송료를 포함한 전액이 환불되었다. 한 명의 소비자로서는 불만을 거의 느낄 수 없었다.

반품 절차가 제대로 되어 있으면 소비자가 입는 손해는 최소한으로 막을 수 있고 불평도 나오지 않을 수 있다. 하지만 정말 그것만으로 괜찮은 걸까. 다시 아마존 측에 물었다.

"부정행위 방지 대책이 불충분하지 않습니까? 기업의 사회적 책임을 다하지 못한 게 아닐까요?"

아마존재팬의 홍보 담당자는 "사안을 심각하게 받아들여 계속해서 부정행위 방지 대처에 힘쓰겠다"라는 회신을 보내왔다.

2019년 3월에 기자가 구입하고 모조품이라고 지적한 고야드 가방은 4월 중순 시점인 지금도 계속 아마존에서 팔리고 있다.

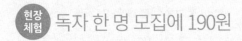

독자 한 명 모집에 190원

세계적으로 20억 명 이상이 이용하는 소셜미디어를 운영하는 페이스북은 4조 엔이 넘는 매출 대부분을 이용자의 사진 위로 표시되는 광고로 벌어들인다. 광고주에게 인기가 많은 이유는 대상자를 나이, 주거지부터 취미, 연봉, 정치사상에 이르기까지 다양한 조건으로 추려낼 수 있기 때문이다. 구조와 효과를 알기 위해서 시험 삼아 광고를 내보았다.

자신의 기사를 광고로

이번에 홍보하는 것은 트레일 러닝trail running을 다룬 닛케이 온라인판 기사이다. 2018년 5월, 구마모토현의 아소산에서 열린 대회에 나갔을 때의 체험을 기사로 쓴 것이다. 이 기사의 링크를 광고로 타인의 페이스북에 띄운다. 기사를 쓴 나 자신은 페이스북에 뜨는 광고를 클릭하는 일이 별로 없다. 도대체 얼마나 많은 사람이 이 기사를 읽어줄까.

기자 개인의 페이스북 첫 화면에서 '광고 게재'를 클릭했더니 바로 광고 설정 화면으로 바뀌었다. '인지도 상승', '동영상 재생 횟수 증가' 등 열세 가지 목적을 선택할 수 있다. 홍보의 목적은 기사 열람자를 늘리는 것. 망설임 없이 '트래픽'을 선택했다.

이어서 대상자를 추리는 타기팅으로 옮겨간다. 나이는 한 살 단위로, 주거지도 특정 지방자치단체나 '반경 20킬로미터 이내' 등으로 지정할 수 있다. 이번에는 '도쿄에 사는 26~55세'로 설정했다. 트레일 러닝에 흥미가 있을 법한 사람을 노려서 '취미·관심'에 '트레일 러닝', '등산', '마라톤' 등을 지정했다. 이런 것에 관심이 있다고 페이스북 측에서 판단한 사람에게만 광고가 전송된다.

게재 기간과 비용도 1분, 1엔 단위로 조정할 수 있다. 이번에는 1일 1천 엔으로 2일 동안 운용해본다. 페이스북 측의 추정은 '1일 1천300명에서 7천 명에게 광고를 노출해 48명에서 300명이 클릭할 것'이라 한다. 과연 결과는 어떨까?

48시간에 2천 엔, 독자의 속성을 한눈에

"오, 읽혔네."

광고 게재가 시작되자 관리 화면에는 광고 노출 건수와 클릭 수 등이 실시간으로 갱신되었다. 서서히 숫자가 느는 모습에 넋을 잃고 바라보고 말았다. 광고가 뜬 사람의 성별, 연령층의 비율도 그래프로 알 수 있었다.

흠, 독자의 90퍼센트가 남성인가. 광고가 나간 연령대는 45세에서 54세가 가장 많았다. 48시간에 딱 2천 엔을 쓰고 게재는 종료되었다. 2일 동안 합계 2천143명이 기사 광고를 보고 그중 5퍼센트에 해당하는 117명이 기사를 읽었다. 페이스북이 추정한 대로이다.

인터넷 광고 관계자에 따르면 광고 노출 1회에 0.93엔, 독자 한 명을 얻는데 17.09엔(190원 상당)을 투자한 셈이다. 대상자를 특정하지 않는 광고로는 1퍼센트를 밑도는 정도라고 한다. 그것과 비교했을 때 페이스북의 광고 효과는 5배 이상이다.

이것이 맞춤형 광고의 묘미일까. 감탄과 동시에 놀라움을 안긴 것은 대상자를 좁힐 수 있는 설정이 매우 상세하게 짜여 있다는 점이었다. 광고 대상자의 속성을 점점 좁혀나가는 것은 페이스북이 이용자가 올린 글이나 사진, '좋아요'를 누른 내용, 위치 정보를 분석해서 판단한다. 바꾸어 말하면 우리가 매일 다량의 데이터를 토해내기 때문에 고도로 정밀한 분석이 가능해진다. 사려고 생각하던 것을 추천받는 등 징그러울 만큼 개인정보를 적확하게 노린 광고와 맞닥뜨리는 이유를 조금은 알 수 있었다.

정치사상도 표적

페이스북 미국 계정에서는 특정 정치사상을 가진 것으로 보이는 사람에게 광고를 전송할 수도 있다. 정치적인 주장을 확산하고 투표 행위 등을 독려하고 싶다면 이만큼 편리한 도구도 없다. 누구나 간단히 사용할 수 있는 구조를 갖추었다는 것은 가짜 뉴스의 확산을 노리는 악의적인 광고주도 사용하기 쉬운 구조라는 뜻이다.

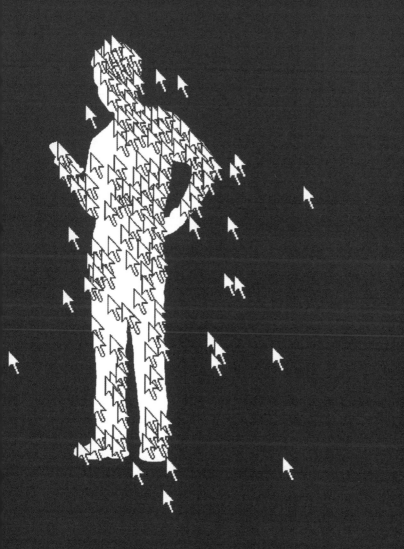

4장

지배의 실상

인터넷 거인들의 신독점

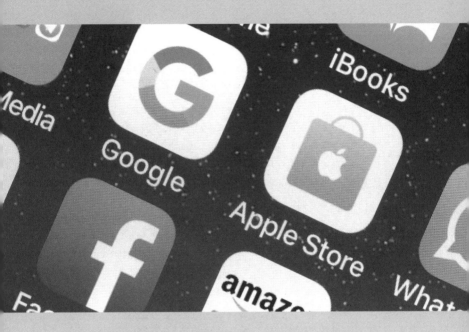

데이터와 이익이 한 줌의 정보기술 거인에게 집중되는

'새로운 독점'이 출현했다.

내버려 두면 시장이 뒤틀리지만

과도한 규제는 성장을 저해한다.

최적의 답을 찾기 위해 세계는 고민을 거듭하고 있다.

GAFA, BAT 이용자 수는 130억 명 ———○

2019년 1월 중순의 어느 주말, 네 살짜리 딸과 요코하마 시내에서 쇼핑하던 다구치 아쓰시(가명)의 표정이 어두웠다.

"또 훔쳐보고 있군."

스마트폰으로 열어본 페이스북에 뜬 것은 근처에서 개최될 예정인 자녀 동반 요리 교실의 광고였다. 마치 애랑 함께 있을 때를 노린 것 같다는 생각에 마음이 편치 못했다.

그는 인터넷 광고회사의 영업사원이다. 데이터를 분석해서 개인의 취향에 맞추어 광고를 내보내는 맞춤형 광고에는 훤하다. 그런 그조차 "페이스북의 정밀도는 지나치게 높다. 위치 정보부터 인간관계까지 온갖 것들이 알려진다"라며 당혹감을 감추지 못했다.

그만두고 싶어도 그만둘 수 없다

몇 번이나 페이스북을 그만두려 하다가 포기했다. 동료나 거래처의 연락이 대부분 페이스북을 거쳐 온다. 페이스북을 그만두면 일에 지장이 생기고 만다.

가격 상승이나 높은 점유율 같은 종래의 척도로 잴 수 없는 새로운 '독점'의 형태가 나타나고 있다. 담합이나 매수가 없는데도 어느새 더 좋은 서비스가 줄어들었다. 구글과 페이스북 등 GAFA에 데이터와 부와 두뇌가 집중되는 구도를 미국에서는 '신독점new monopoly'이라고 부른다.

GAFA의 지배를 뒷받침하는 것은 타사로 갈아타기 어렵게 만드는 '로그인 효과'이다. GAFA는 검색이나 소셜미디어 등 편리한 무료 서비스로 이용자를 모은다. 사용할수록 그 사람의 생활에 녹아들어 차츰 그만둔다는 선택지가 사라진다.

종래의 석유, 철강, 자동차 같은 산업과는 달리 정보기술은 필요한 설비나 인원이 적어도 된다. GAFA에 중국의 3대 정보기술 기업 바이두Baidu, 알리바바Alibaba, 텐센트Tencent를 묶은 BAT를 더한 7개사의 서비스 이용자 수를 단순 합산하면 130억 명. 세계 인구를 웃도는 규모이다. 일단 그들의 강대한 경제권에 들어가면 기업조차 벗어나기가 어렵다.

2018년 11월. 일본 지바현의 회사원 구리키 모에는 손에 쥔 스

마트폰을 열었다가 눈을 의심했다. 매일같이 하던 라인의 반려동
물 육성 게임 〈다마고치〉를 갑자기 못 하게 되었기 때문이다.

"한 달이나 수정해야 한다니 무슨 일이야, 이게."

그 무렵 라인 사내는 혼란에 빠져 있었다.

"사전에 확인했는데."

"엄청난 공사가 되겠군."

서비스 담당자는 머리를 싸맸다. 2018년 9월에 게임 앱을 출시
하여 300만 명이 넘는 이용자를 모은 직후였다. 애플에서 갑자기
이 서비스에 문제가 있다는 경고가 왔다. 이 서비스는 애플의 앱스
토어를 거치지 않고 라인 안에서 새로운 게임을 즐길 수 있게 만들
어졌다. 그 영향으로 급속도로 광고 수입이 늘었는데, 이것이 애플
의 분노를 산 것으로 추측되었다.

"압력을 받았다는 이야기는 하지 말라." 일본 공정거래위원회도
조사에 들어갔지만, 라인은 애플의 보복이 두려워 엄격한 함구령
을 내렸다. 니혼게이자이신문의 취재에 두 회사 모두 개별 안건에
는 노코멘트라고 회신했다.

기존 시장에서 경합하며 다투는 것이 아니라 새롭게 자기가 만
든 시장을 강력히 지배하는 것이 신독점의 특징이다. 애플의 앱스
토어는 10년 만에 10억 명이 사용하는 규모로 커졌다. 약관의 변
경만으로 50만 개의 애플리케이션 업체, 개발자의 운명을 좌우하

고 대기업 라인도 거스르지 못한다.

종래의 법으로는 옭아맬 수 없다

인터넷 거인은 국경을 쉽사리 뛰어넘어 각국의 국민과 기업을 집어삼킨다. 한 세기 전 미국에서 최초의 독점금지법인 셔먼법 Sherman Antitrust Act(미국의 독점금지법 중 하나로, 1890년 제정되었다. 주써 사이나 외국과의 거래에서 독점하거나 거래를 제한하는 모든 기업의 결합 및 공모를 금지하고 이에 대한 제재를 규정했다 – 옮긴이)이 제정된 이래, 세계의 독점금지법은 눈에 보이는 물자와 거래의 기준이 되어왔지만 이미 이것으로는 옭아맬 수 없다. 경쟁의 파수꾼도 흔들리고 있다.

"일본도 주도적인 역할을 맡고 싶다." 2018년 12월, 일본 공정거래위원회 위원장은 유럽연합 집행위원회의 마르그레테 베스타게르 Margrethe Vestager 위원에게 이렇게 선언했다. 베스타게르 위원은 'GAFA의 천적'이라 불리는 인물이다.

하지만 현장은 이미 기세가 오른 상황이었다. 유럽연합 집행위원회는 박사학위를 가진 경제학자 약 스무 명을 거느리고 거인과의 대결을 준비하고 있었다. 그에 반해 일본 공정거래위원회는 고작 두 명. "데이터 과점 등 새로운 주제를 다루기에는 사람이 부족하다." 일본 공정거래위원회 경쟁정책연구센터 소장의 말이다.

"임의로 부른다면 나가지 않겠다." 2018년 11월, 아마존닷컴은 일본 경제산업성에서 공청회에 출석하라고 요청하자 단칼에 거절했다. 170명 이상의 경제학자를 거느리고 철벽 방어에 나선 아마존 내부에서는 '일본은 손쉬운 상대'라는 말마저 나오고 있었다.

2019년 6월에 오사카에서 열린 주요 20개국 정상회담에서도 국경을 넘나드는 '데이터 유통권'이 의제에 올랐다. 국가 권력조차 미치지 않는 힘을 갖기 시작한 인터넷 거인들과 어떻게 마주하며 신독점을 어디까지 규제할 것인가. 지나치게 옭아매면 데이터가 가져올 비즈니스의 싹도 꺾일지 모른다. 국제 사회는 그 답을 찾아야 하는 상황에 놓였다.

독점금지법

한 줌의 거대 기업이 시장을 독점하는 것을 막고 모두가 공정하게 경쟁할 수 있는 환경을 조성하기 위한 법률이다. 경합의 배제, 가격 담합 등을 규제한다. 시장에 대한 지배력이 지나치게 크면 최종적으로 가격 인상 등으로 소비자가 불이익을 당한다. 이런 사태를 막기 위해 거의 모든 국가가 규제 당국을 설치하고 기업의 위반 행위를 단속한다.

세계에서 처음 독점금지법의 세례를 받은 거대 기업은 존 록펠러 등이 설립한 미국의 석유회사 스탠더드오일이다. 미국 국내 석유 판매량의 90퍼센트를 점유했지만 1911년 해체를 명령받았다. 그 후에도 IBM, AT&T, 마이크로소프트가 서구 당국과 공방을 거듭했다.

독점금지법은 각 시대의 기업 경쟁력을 좌우하는 큰 요인이 되어왔다. 데이터를 독점하는 GAFA가 등장하면서 관련 법안의 운용도 크게 바뀔 가능성이 있다. 일본 정부는 서비스의 대가로 데이터를 넘기는 개인도 '거래처'가 될 수 있다고 보고 독점금지법의 적용 확대를 검토하고 있다.

벗어날 수 없는 감시 ————○

중국 허베이성의 성도 스자좡시의 어느 거리. 결혼하여 살 집을 찾고 있던 챠오마오후가 스마트폰을 열심히 조작하기 시작했다. '라오라이老賴(악덕 채무자라는 뜻 - 옮긴이) 지도'라는 서비스에 접속하자 반경 500미터에 사는 채무자의 주소와 이름, 채무액이 떴다. 근방에 100명 이상의 채무자가 있는 것을 알고 그는 자기도 모르게 얼굴을 찌푸렸다.

"주거 환경이 영 나쁘군."

챠오마오후는 다른 장소를 찾아보기로 마음먹었다.

라오라이 지도는 2019년 1월 중국의 거대 정보기술 기업 텐센트의 모바일 메신저 앱 위챗의 추가 기능으로 등장했다. 허베이성 재판소가 공식 정보를 제공한다. 채무 문제에 엄격한 중국 당국의 방침과 온갖 데이터를 확보하고 싶은 텐센트의 이해가 맞아떨어졌다.

신독점의 미래상

사생활 보호 규제에 그다지 얽매이지 않고 개인정보를 수집할 수 있는 중국. 그 모습은 몇 안 되는 정보기술 거인에게 데이터가 집약되는 '신독점'의 한 가지 미래상이기도 하다.

"구글은 각국의 정보기관이 입맛을 다실 궁극의 개인정보를 쥐고 있다." 벨기에에 사는 개인정보 전문가 토머스 비니에 Thomas Vinje 변호사는 2018년 독일 정부 관료의 말을 듣고 깜짝 놀랐다고 한다. 이미 국가가 거대 정보기술 기업을 당해낼 수 없다. 웹 열람 이력이나 스마트폰의 위치 정보, 취미 등 초 단위로, 방 안에서 어느 의자에 앉아 있는지까지 알 수 있다고 하니 놀라지 않을 수 없었다. 소셜미디어나 검색 같은 서비스를 무료로 사용할 수 있지만, 거기에는 이용자 본인의 상상을 뛰어넘는 정보까지 파악되는 함정이 숨어있다.

독일 독점 당국인 연방카르텔청은 2019년 2월, 페이스북의 데이터 수집을 대폭으로 제한하도록 명령했다. 페이스북이 제휴를 맺은 외부 서비스를 통해 광범위하게 데이터를 모으고 있는 점을 문제로 삼았다. 많은 이용자가 알아차리지 못하고 있다고 하여 확실하게 동의를 얻지 않은 정보의 수집을 금지했다.

기업의 교묘한 수법을 비난하는 목소리도 높아졌다. 노르웨이의 소비자협의회는 2018년 "구글 등의 정보기술 대기업이 이용자를 사생활 보호에서 멀어지도록 온갖 궁리를 하고 있다"라고 경고했다. 이를테면 위치 정보의 제공 정지를 위해 클릭해야 하는 버튼에 많은 사람이 무의식중에 피하는 '빨강' 문자를 사용하는 식이다.

미국 카네기멜런대학의 알레산드로 아퀴스티Alessandro Acquisti 교수도 그런 점을 비판한다. "기업이 심리학을 구사하여 반강제로 데이터를 수집하고 있다."

자기방어의 움직임도

영국의 컴퓨터 과학자 팀 버너스 리Tim Berners-Lee는 2018년 가을, 자신의 정보를 지키면서 웹을 이용할 수 있는 소프트웨어 '솔리드Solid'를 공개했다. 이름, 캘린더의 일정, 스마트폰의 애플리케이션과 연동해서 기록되는 위치 정보 등 다양한 개인정보를 소프트웨어 내부의 개인 전용 저장소에 자동 보존한다. 데이터를 외부 서비스에 제공할지 여부를 온전히 이용자가 스스로 결정할 수 있다.

버너스 리는 월드와이드웹 구조를 만든 '웹의 아버지'이다. 정보기술 대기업에 의한 데이터 과점을 우려하여 솔리드 개발에 매진했다고 한다.

2018년에 데이터를 둘러싼 여러 건의 부정행위가 발각된 페이스북은 이용자가 계속 늘어나고 있으며 매달 이용자는 15억 명 이상에 이른다. 데이터를 빨아들이는 거인의 힘은 여전히 강력하다. 다만 거기에 자신의 지키려는 개인의 움직임도 눈에 띈다.

버너스 리는 말한다. "당신의 데이터는 당신 것이다."

우월적 지위 남용

GAFA와 같은 정보기술 대기업을 대상으로 하는 규제 강화의 하나로서 독점금지법의 적용 범위를 넓혀 데이터 수집에 제동을 거는 움직임이 있다. 독일 당국 등 유럽에서 두드러지게 나타나기 시작해 일본도 뒤를 따랐다.

"개인에게서 수집한 데이터는 금전과 마찬가지로 경제적 가치가 있다."

2018년 12월, 일본 정부는 데이터 과점을 강화해가는 정보기술 대기업의 규제에 관한 기본 원칙을 최종적으로 정리했다. 새롭게 내세운 것이 서비스를 사용하는 개인 이용자를 각 회사의 '거래처'에 해당한다고 해석한 관점이다.

2019년 8월에는 일본 공정거래위원회도 같은 지침안을 공표했다. 개인 이용자는 소셜미디어 등의 편리한 인터넷 서비스를 무료로 사용하는 대가로 자신의 개인정보를 기업에 넘긴다. 개인정보가 돈과 같은 가치를 가진다고 한다면 서비스와 데이터의 교환도 '거래'라고 할 수 있다.

이런 해석으로 기업 간의 적절한 거래 양상을 규정해온 독점금지법을 기업과 개인의 관계에도 적용하는 길이 열렸다. 정보기술 대기업이 부적절한 형태로 개인정보를 수집하면 독점금지법이 금지하는 '우월적 지위의 남용'에 해당하는 것으로 규제할 수 있다.

다만 일본 경제단체연합회가 2019년 10월에 "우월적 지위에 해당하느냐 해당하지 않느냐의 판단은 제한적으로 이루어져야 한다"라는 제언을 공표하는 등 규제 강화를 경계하는 목소리가 기업에서도 나오고 있다.

신독점의 일강다약 체제 ——————。

미국 미네소타주에서 컴퓨터 판매회사를 경영하는 존 번스테드
는 2018년 11월, 아마존이 보낸 메일을 받고 충격에 빠졌다.

"귀사는 애플 제품을 팔지 못하게 되었습니다."

5년 넘게 중고 애플 제품을 아마존에서 팔아 연 100만 달러를
벌어들였다. 그런데 느닷없이 그 돈을 잃게 된 것이다.

아마존의 지배

아마존은 세계 15개국 이상에서 온라인 사이트를 운영하고 있
다. 중소기업에도 거래의 문호를 열고 출하, 배송, 재고 관리를 돌본
다. 세계에서 연 300억 건의 접속이 이루어지는 집객력으로 200만
개사가 넘는 판매 기업에 비즈니스 기회를 제공해왔다. 그러나 세

력이 확대되어 일강다약－强多弱의 지배구조가 만들어지자 그 강력
한 힘에 의한 부정적인 측면에 이목이 쏠리기 시작했다.

일본 경제산업성은 2018년 10월, 아마존 등 플랫폼 사업자로 불
리는 정보기술 대기업과의 거래에 관하여 국내 기업 2천 개사에
설문 조사를 실시했다. 80퍼센트가 넘는 기업이 예고 없이 약관이
개정된다는 등 불만을 토로했지만, 한편으로 거래 유지나 확대를
바라는 목소리도 80퍼센트를 넘어섰다. 신독점에 의한 지배력 강
화를 뚜렷이 확인할 수 있는 결과였다.

재주는 곰이 넘고

배경에 있는 것은 데이터 독점 구조이다. 아마존에서 상품을 파
는 기업은 상품별 매출을 비롯한 한정적인 정보만 받을 수 있다.
고객의 속성이나 과거 구매 이력 같은 상세한 정보는 오직 아마존
의 것이다. 출점 기업이 상품을 아무리 많이 팔아도 고객 정보는
얻을 수 없다. 반면에 아마존은 그렇게 얻은 고객 분석과 판촉 노
하우를 차곡차곡 쌓아올려 힘을 얻는다.

아마존은 2009년 이후 잘 팔리는 상품을 분석해서 자체 브랜드
private brand 상품을 개발했다. 기저귀나 비타민제, 샴푸 등 그 수는
100가지가 넘는 것으로 파악된다. 출점 기업이 가져다준 데이터는
경쟁 상품으로 형태가 바뀐다.

"놀랍도록 닮았다." 미국의 대형 홈퍼니싱 업체 윌리엄스소노마

Williams-Sonoma는 2018년 말, 아마존이 자사 의자를 모방했다며 소송을 제기했다. 아마존은 즉각 도용에 해당하지 않는다며 그에 맞섰다.

일본 자동차산업의 '계열' 구조에서는 자동차 제조업체가 하청 기업에 비용 절감을 요구하는 한편으로 제조에 관한 데이터도 공유해 기술의 최저 수준을 끌어올리는 데 힘을 보탰다. 그러나 신독점 구조에서는 고객과 접하는 플랫폼 사업자가 데이터를 장악해서 지배를 강화한다.

자동차 제조업체도 그 논리와 무관할 수 없다. 자율 주행 분야에서는 미국의 구글이 앞서나가고 있다. 기술 개발에서 주도권을 빼앗기면 '지배당하는 쪽'이 될지도 모른다.

"구글에 의존하고 싶지 않다." 위기감은 오랜 세월 자동차산업의 패권을 다투었던 도요타자동차와 제너럴모터스GM를 가깝게 했다. 자율 주행에 꼭 필요한 고도의 정밀도를 갖춘 지도 데이터를 두 회사가 공유했다. 경쟁자끼리 손잡는 '상식 밖'의 구도가 만들어진 것이다.

하루아침에 아마존에서 내쫓긴 번스테드는 그 후 이베이로 판로를 옮겼다. 2019년 1월, 그는 아마존의 창업자 제프 베이조스에게 편지를 썼다.

"난 아무렇지도 않다."

그는 플랫폼 사업자를 선택하는 쪽으로 돌아서 재기를 노린다.

신독점의 일강다약 체제는 기업과 개인을 새롭게 움직여 플랫폼
사업자를 다음 경쟁 무대에 세운다.

데이터 독점의 실상

일본 공정거래위원회는 2019년 1월 아마존과 구글 등 플랫폼 사업자로 불
리는 정보기술 대기업에 의한 상거래 실태를 밝히는 조사에 들어갔다. 정
보 제공 전용 창구를 열고, 거래처의 목소리를 모았다. 독점금지법상의 강
제 조사 권한을 발동해 특정 업계를 송두리째 강제 조사 대상으로 삼는 방
안도 검토하고 있다.

"경쟁상 문제가 생길 것 같으면 대처한다." 공정거래위원회의 사무총장은
1월 23일 기자회견에서 이렇게 강조했다. 같은 날, 공정거래위원회 홈페이
지에 정보 제공 창구를 설치, 독점금지법에 저촉될 만한 불공정 거래가 없
는지 정보 제공을 요청했다.

플랫폼 사업자의 거래처에 대한 압력은 드러나기 어렵다는 말이 있다. 거
래처가 보복이 두려워서 입을 다물거나 비밀 엄수 의무 계약을 맺었기 때
문이다. 일본 정부 산하 전문가회의는 2018년 가을, "불투명한 거래 규칙
이 불공정한 거래의 온상이 되고 있다"라고 지적했다.

정보 수집에 앞서 경제산업성은 2018년 10월, 거래처 기업에 설문 조사를
실시했다. 중소기업의 57퍼센트가 "운영, 계약, 거래 관행을 개선해주었으

면 하는 플랫폼 사업자가 많다"라고 답했다. 갑작스러운 계약 변경과 높은 수수료를 지적하는 목소리가 두드러졌다.

플랫폼 사업자의 독점 행위 적발은 유럽이 앞서가고 있다. 유럽연합 집행위원회는 2018년 7월, 구글이 스마트폰 제조 기업에 부당한 압력을 행사했다 하여 EU경쟁법(독점금지법) 위반으로 43억 4천만 유로의 과징금을 부과했다.

유럽연합 집행위원회는 2019년 7월 아마존닷컴에도 같은 법령의 위반 혐의가 있다며 정식으로 조사를 시작했다고 발표했다. 아마존은 출점 기업의 판매 데이터를 자사 상품의 판촉에 부당하게 사용한 혐의를 받고 있다.

개인정보, 공짜 점심 아니다 _____。

전 세계 상품 거래의 중심지 미국 시카고. 곡물, 석유 등에 이어 현재 은밀히 관심이 집중되고 있는 것이 데이터이다.

"금융 상품이 될 만한 데이터를 찾고 있다." 미국금융거래소AFX 의 최고경영자 리처드 샌더Richard Sandor의 말이다. 2000년대에 세계 최초로 탄소배출권을 사고파는 거래소를 만든 '금융선물 업계의 아버지'가 세계 경제의 성장 원동력으로 떠오른 데이터에 주목하는 것은 필연이다.

원유나 금과는 달리 데이터의 가치는 양이나 무게로 잴 수 없다. 하지만 샌더는 데이터의 움직임을 지표화해서 볼 수 있게 된다면 원유나 금처럼 거래할 수 있을 거라 확신한다.

데이터의 시장 거래

그가 의식하는 것은 중국이다. 2015년 창설된 세계 최초의 빅데이터 거래소인 구이양빅데이터거래소貴陽大數據交易所에서는 2천 개 기업이 금융, 의료, 물류 등 4천 종류나 되는 데이터를 서로 매매한다. 그에 맞서 미국의 유력 거래소가 데이터의 '가시화' 경쟁에 나섰다.

그들을 까마득하게 앞서가고 있는 것이 세계의 정보기술 거인들이다. 방대한 데이터를 지배하는 신독점의 힘은 국가를 뛰어넘는다. 거래소나 규제 당국은 지금까지 따라잡지 못했다.

페이스북이 인스타그램을 인수한 2012년, 세계 각국의 규제 당국은 쉽게 이것을 승인했다. "종업원은 열세 명. 매출도 없다. 광고 경쟁을 크게 저해하지 않는다." 당시 영국 당국의 심사 자료에는 이렇게 적혀 있었다.

판단이 허술했던 것은 명백하다. 인스타그램은 사진 공유 사이트로서 세계 표준을 거머쥐었고 이용자와 광고 게재량이 급증했다. 2018년 기업 가치 평가액은 1천억 달러. 인수 당시 금액의 100배에 달한다.

이용자가 늘면서 가치가 급속도로 높아지는 '네트워크 효과'를 예측하기란 쉽지 않다. 영국 당국의 기업 매수 심사 부문의 수장 앤드리아 고메스 다 실바Andrea Gomes da Silva는 "디지털 기업의 가치 측정법을 찾아내야 한다"라고 말한다.

2000년 이후 구글 등 GAFA가 인수합병에 투자한 돈은 10조 엔 규모에 달한다. 인수합병 대상은 대부분 장래에 시장에서 경합할 신흥 기업이었다. 데이터를 측정하는 힘으로 독주해온 거인들이지만 경쟁 관계가 뒤틀리면 불이익을 당하는 것은 개인이다.

공짜의 대가를 치러야

검색이나 소셜미디어 등 정보기술 거인들이 제공하는 서비스는 원칙적으로 무료이다. "소비자에게 불이익을 주지 않는다." 높아지는 비난에 각 회사는 이렇게 변명해왔다. 그러나 개인이 그 대가로 건네는 데이터에 상당한 가치가 붙는다는 것을 알고 이용자의 시선도 바뀌었다.

GAFA의 터전인 미국 캘리포니아주에서 '캘리포니아 소비자 프라이버시법 CCPA, California Consumer Privacy Act'이 2020년에 시행된다 (2020년 1월 1일부터 시행 중에 있다 – 옮긴이). 기업에서 악질적인 정보 유출이 발생하면 이용자는 1천 달러에서 7천500달러의 배상 청구를 할 수 있다. 유럽이나 일본에서 도입하지 않은 '데이터의 가치'를 인정한다.

주민 입법으로 처음 발안되었을 때만 해도 최대 3천 달러를 청구할 수 있다고 되어 있었다. "실행 불가능한 법이다. 세계에서 고립되고 만다." 발등에 불이 떨어진 GAFA는 강력한 로비 활동으로 주민 입법안을 물리쳤다. 그러나 무료로 방대한 데이터를 수집할 수 있는 상황이 언제까지 계속될지 이제 알 수 없어졌다.

스마트폰의 보급과 더불어 태어난 신독점. 그 혜택을 한껏 누려 온 거인들도 이제 반석처럼 탄탄하지 않다. 데이터의 가치를 확실히 아는 힘은 신독점에 바람구멍을 내고 다음 질서로 이행하는 한 걸음이 된다.

데이터 가치 측정

일본 정부는 기업 통합 심사 규정을 고쳐 데이터의 가치를 심사 항목에 추가하는 방안을 2019년부터 검토하기 시작했다. 일본 공정거래위원회는 같은 해 10월, 〈기업 통합 가이드라인〉 개정안을 공표했다. 플랫폼 사업자로 불리는 정보기술 대기업이 기업 간 인수합병을 통해 데이터를 더욱 과점하게 되는 것에 대응하는 움직임이다. 데이터의 가치를 산정하는 방법 등이 과제가 될 듯하다.

현행 심사는 대상 기업의 시장점유율 등을 중시해서 시장 경쟁에 악영향을 주지 않는지 판단한다. 그러나 정보기술 대기업은 요 몇 년 사이 유망 기업이 채 커지기 전에 잇달아 사들이고 있다. 이런 기업들이 몇 년 후에 급성장해 데이터 과점을 불러오는 사례가 문제가 되어왔다.

페이스북은 2014년 경쟁 후보였던 모바일 메신저 앱 '왓츠앱'을 약 190억 달러에 인수했다. 미국 당국도 이를 승인했다. 현재 이 사건을 두고 많은 전문가가 "신규 기업이 시장에 진출하기도 전에 싹이 꺾여 경쟁이 저해될 것을 간파하지 못했다"라고 돌이킨다.

독일과 오스트리아는 2017년 합병 심사 방법을 변경했다. 종래에는 매출로 심사 대상을 정했으나 방법을 변경하면서 심사 기준에 '매수 시의 가격'도 추가했다. 매출이 적어도 귀중한 데이터를 가진 기업의 인수합병도 심사할 수 있게 한 것이다. 다만 심사 사례가 아직 적어 길을 모색해가는 상황이라 한다.

일본도 공정거래위원회의 개정안에 정보기술 대기업이 시가총액 400억 엔 이상의 기업 매수를 진행할 때 신고해야 한다는 조항을 담았다. 그러나 어떻게 해야 데이터의 가치와 영향을 적정하게 측정할 수 있을지는 어느 나라에서건 결론이 나오지 않았다. 일본의 공정거래위원회도 앞으로 같은 난제와 마주하게 될 것이다.

인공지능이 측정하는 미남의 기준은?

잘생겼는지 못생겼는지를 측정하는 인공지능이 있다. 수백만 명의 사진 데이터로 '미의 기준'을 학습한 측정 소프트웨어의 개발사는 홍콩의 센스타임이다. 실제로 내 얼굴은 어떻게 평가받을까. 한 기자가 주저주저하며 시도해보았다.

100점 만점으로 '얼굴값'을 측정

먼저 태블릿 단말기의 카메라 기능을 이용해 얼굴 사진을 측정 소프트웨어에 인식시킨다. 익숙한 자기 얼굴이 화면에 나타나면서 얼굴 여기저기에 녹색과 청색의 점이 겹쳐 표시되고 안구는 노랗게 본이 떠진다. 얼굴 윤곽 외에 눈과 코 등 각 부위의 크기와 형태, 균형 등을 측정한다. 얼굴을 비추고 1초 이내에 이마 언저리에 '얼굴값 73, 나이 35'라는 판정 결과가 떴다.

결과는 100점 만점의 '얼굴값'이라는 수치로 표시되고 70점이 평균이다. 80점 이상이면 이른바 미인, 미남에 해당하고 90점 이상이면 연예인 수준이라 한다. 기자의 측정 결과는 평균을 살짝 웃도는 수준이었다. 안심이 되기도 하고 한편으로 약간 분하기도 한, 무어라 말할 수 없는 기분이었다. 나이가 실제보다 세 살 많게 측정된 것도, 노안이라는 말이니 침울해해야 할까, 관록이 있다고 기뻐해야 할까.

애초에 이 소프트웨어는 어떤 식으로 값을 측정하는 걸까. 센스타임의 설명에 따르면 먼저 몇백 명의 인간 판정단에게 수백만 명 분량의 얼굴 사진 데이터베이스에서 고른 동성 두 사람의 얼굴을 비교해 어느 쪽이 미인, 미남인지를 정하게 한다. 이 작업을 반복해서 얻은 데이터를 인공지능에 입력한다. 인공지능은 눈의 크기와 코의 위치, 입 모양, 얼굴 윤곽, 각 부위의 균형 등 어느 데이터가 얼마나 인간 판정단의 미인 기준에 영향을 미치는지 규칙성을 분석해 채점 척도를 산출한다. 그 결과 얼굴의 사진 데이터를 보면 단숨에 아름다움을 채점할 수 있게 된다.

표정을 바꾸었더니 점수가 오르락내리락

채점할 때 인공지능은 얼굴의 백 수십 점의 포인트에 주목한다. 특히 윤곽, 눈, 입을 중시하고 각각의 주변에 많은 측정 포인트를 배치한다. 빛의 반사 정도에 따라 피부의 아름다움도 가려낸다. 어디까지나 얼굴을 판정하기 때문에 헤어스타일은 채점 대상이 아니다.

실제로는 표정을 바꾸거나 안경을 벗기만 해도 얼굴값은 변한다. '얼굴에 점수를 매기다니', 거부감을 느낀 것은 처음 몇 분뿐. 원리를 파악하고 보니 어떻게 하면 얼굴값을 올릴 수 있을지 다양한 표정을 시도하며 열심히 실험에 임했다.

입꼬리를 올리고 안경을 벗었더니 점수가 약간 올랐다. 기자는 평소에 외까풀이지만 눈에 힘을 주어 억지로 쌍까풀을 만들었더니 단숨에 10점 가까이 올라 얼굴값이 80점대로 올라섰다. 이것으로 미남 대열에 합류한 것 아닐까. 잠시 기쁨에 젖었지만 억지로 만든 쌍까풀은 오래가지 않는다.

역시 시원시원하니 또렷한 눈이 아름답게 보이나 싶어 우울해질 뻔하다가, 어차피 센스타임의 판정단이 정리한 최대공약수의 기준일 뿐이라고 자신을 달랬다. 똑같은 인공지능이라도 기준을 만들기 위해 선별된 판정단의 구성이 달랐다면 다른 결과가 나올 것이다. 물론 이번보다 높은 점수가 나온다고는 할 수 없겠지만……

센스타임의 일본 법인 센스타임재팬의 홍보 담당자는 "어디까지나 화제를 만들기 위해 제작한 소프트웨어로 실용화는 하지 않는다"라고 말했다. 센스타임의 본업은 감시 카메라와 스마트폰에 사용하는 얼굴 인식 기술의 개발이다. 전 세계 젊은 사람들 사이에 유행한 사진 앱 '스노우'에 기술을 제공한 것도 이 회사이다.

감시 카메라에도 기술 활용

말 나온 김에 얼굴 인식 기술을 이용한 감시 카메라의 위력도 직접 체험해 보기로 했다. 기자의 얼굴 사진을 '요주의 인물'로 등록했더니 실내에 설치된 감시 카메라에 찍힌 순간 '일치율 89퍼센트'라는 글이 붉은 경고 표시와 함께 모니터에 나타났다. 방을 조금 어둡게 하고 눈에 띄지 않도록 자세를 낮춰 움직여도 카메라는 찍자마자 정체를 알아냈다. 센스타임의 감시 카메라는 사람이 밀집된 장소에서도 100명의 얼굴을 동시에 인식할 수 있다고 한다.

중국에서는 얼굴 인식 기술이 온갖 상황에 활용되고 있다.

"새 축구화는 어떠세요?"

중국 상하이 쑤닝전기의 무인 점포. 가게 안 디스플레이 앞에 서면 고객마다 각각 다른 추천 상품이 표시된다. 점포 내의 감시 카메라가 미리 등록한 고객의 얼굴을 특정해 구매 이력 데이터에 맞는 상품을 추천한다. 결제도 얼굴 인식으로 이루어지기 때문에 계산대와 지갑이 없어도 쇼핑이 끝난다.

센스타임은 중국의 치안 당국과도 협력하고 있다. 거리에 설치된 카메라가 찍은 영상에서 당국이 쫓고 있는 용의자를 찾아낸다. 이를테면 광저우시에서는 2017년 이후 센스타임의 기술로 약 100건의 사건을 해결했다고 한다.

모든 것을 감시당하는 불안도

감시 카메라의 전 세계 점유율은 1위, 2위가 모두 중국 기업이다. 센스타임 같은 스타트업도 속속 등장해 중국의 지방 정부나 기업과 제휴해 기술력을 높인다. 편리해지는 한편으로 거리에서 교통신호를 무시한 사람을 특정하거나 반정부 활동에 연루된 인물의 행동을 추적해서 '감시 사회'의 확대를 우려하는 목소리도 있다. 후지쓰종합경제연구소의 자오웨이린 상급연구원은 "유럽 같은 곳과 비교해서 중국인은 사생활에 대한 인식이 낮고, 개인정보의 보호보다 효율성과 편리함을 우선하는 경향이 있다"라고 지적한다.

센스타임의 기술력을 체감하고 나서 기자의 기분은 어떻게 바뀌었나. 소심한 사람이어선지 편리함이 극에 달하는 이상향(유토피아)이 도래할 가능성보다 온갖 행동을 감시당하는 감시 사회가 찾아올지도 모른다는 불안이 앞섰다. 얼굴값을 측정하는 데 열중하는 동안에도 '내 얼굴 사진이 기록되어 앞으로 중국에서 취재할 때 영향이 있지 않을까' 하는 불안이 머릿속을 스쳤다.

센스타임의 홍보 담당자는 "데이터는 이번 취재에만 사용됩니다"라고 웃으며 약속했다. 그러나 무수한 정보가 오가는 인터넷 사회에서 누군가가 기자의 사진 데이터를 작정하고 모으겠다고 나서면 어렵지는 않을 것이다. 어쩌면 이렇게 있는 동안에도 어딘가에서 기자의 사진을 수집해 분석하고 있을지도 모른다.

5장

혼돈 속 새로운 규칙

디지털 패권 쟁탈전

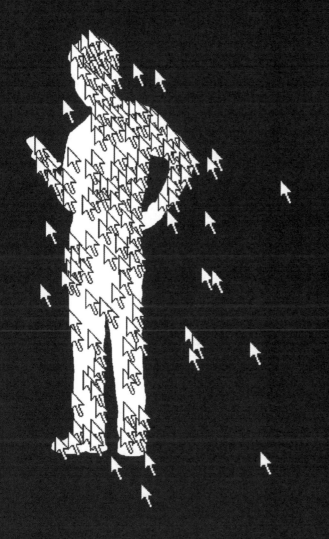

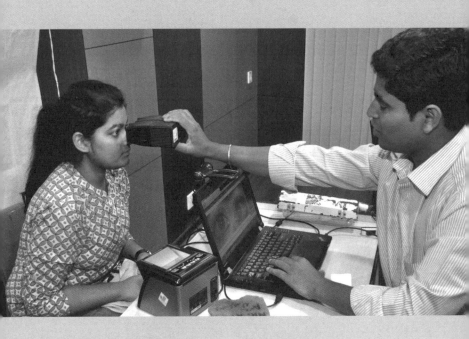

방대한 정보를 성장에 활용하는

데이터 경제의 확장과 더불어 국가나 기업을 움직이는

기존 논리는 더이상 통하지 않게 되었다.

새로운 룰이 아직 혼돈에 갇힌 가운데

데이터 패권 쟁탈전이 이어지고 있다.

국경을 넘어 자유롭게 거래한다 ───────○

일본 대표단은 일제히 숨을 죽였다.

2018년 7월 미국 워싱턴. 미국과 일본의 경제관료가 모인 '미일 인터넷경제협력대화'에서 미국 상무부 차관보 대리 제임스 설리번 James Sullivan이 예기치 못한 안건을 상정한 것이다.

"자유롭고 열린 디지털 무역을 촉진하기 위해 환태평양경제동반자협정TPP을 대신할 조직을 미국과 일본 양국이 주도해 구성합시다."

데이터 버전 TPP

미국 측이 제시한 안건은 트럼프 대통령이 탈퇴하겠다고 선언한 '환태평양경제동반자협정의 데이터 버전'이라 할 만한 조직의 구상이었다. 국경을 넘어 기업이 가진 개인정보를 자유롭게 거래한다. 토대는 아시아태평양경제협력체APEC가 개발한 국제적인 개인정보 보호 인증체계, 이른바 '국경간프라이버시보호규칙CBPR, Cross Border Privacy Rule'이다. 현재는 미국과 일본을 비롯해 한국, 캐나다 등 몇몇 나라만 참가하고 있지만 베트남, 대만, 남미 국가로 확대될 전망이다.

미국은 새로운 '중국 포위망' 만들기에 나서고 있다.

일찍이 국력은 노동력으로서의 사람, 천연자원과 생산설비 등의 물자, 금융 자본의 힘인 돈이 결정지었지만 이제 그런 규칙만으로는 이야기할 수 없게 되었다. 지금은 모든 나라가 앞다투어 데이터를 구하고 있다. 사람이나 물자나 돈은 간단히 늘릴 수 없지만, 데이터는 사용 방법에 따라 새로운 산업과 혁신을 낳아 거센 속도로 국가의 경제력을 높일 수 있기 때문이다.

20세기 국가 경제력의 토대였던 석유를 대신하는 새로운 데이터 자원은 세계의 세력 구도를 다시 그린다. 미국이 중국에 대한 견제를 서두르는 이유도 여기에 있다.

2018년 6월, 남태평양에 있는 솔로몬제도. 중국 화웨이가 수주한 해저 케이블 공사에 오스트레일리아 정부가 강력히 반대해 결국 계획은 무산되었다. "시드니로 이어지는 케이블이므로 기밀 정보가 유출될지도 모른다"라는 오스트레일리아 비밀정보국ASIS의 제언이 반대 이유였다. 최종적으로 화웨이는 공사 수주를 포기했지만 중국의 세력 확대 의욕이 노골적으로 드러난 사건이었다.

전 세계 데이터통신의 99퍼센트가 해저 케이블을 지난다. 미국은 태평양에서 '바다의 정보 하이웨이'를 연장하고, 중국은 이에 대항이라도 하듯 동남아시아에서 인도양, 아프리카까지 케이블망을 넓힌다. 그것은 중국의 광역 경제권 추진 전략인 '일대일로—帶—路'와 겹치는 세력 확장 시나리오이다.

데이터의 세기를 일군 인터넷 상용화로부터 약 30년. 앞을 달리던 미국은 전 세계의 데이터를 미국 국내 서버에 모으며 혁신적인 기술과 서비스를 만들어왔다. 그것을 상징하는 GAFA는 시가총액이 10년 사이에 10배로 늘었으며 그 총액은 400조 엔에 가깝다. 이들이 몸담은 디지털 초강대국에 이변이 일어나고 있다.

미국의 조사 전문 회사 시너지리서치그룹Synergy Research Group에 따르면 대형 데이터센터의 분포 점유율은 미국, 중국, 일본 등 10개국의 '데이터 자원국'이 전체 80퍼센트를 과점하고 있다. 그중 40퍼센트를 차지하는 미국은 수위를 지키고는 있지만 일강 체제는 무너졌다.

2위인 중국은 국내 인터넷 이용자가 9억 명으로 미국의 3배에 이른다. 인도 같은 신흥국에도 쫓기는 신세인 미국의 점유율은 몇 년 안에 30퍼센트대로 떨어질 전망이다. 전 세계의 개인정보를 독점해온 GAFA는 같은 서방인 EU가 일반개인정보보호법을 도입해 견제한다. 일본도 공정거래위원회를 중심으로 EU를 뒤따르는 움직임을 보인다.

새로운 규칙인 'GAFA 규제'의 영향이 어떻게 나타날지는 아직 확실치 않다. 혼돈은 계속되지만 데이터를 축으로 하는 경쟁은 새로운 세력의 등장을 재촉한다.

석유의 세기에 세계를 좌지우지한 것은 중동을 비롯해 풍부한 석유 매장량을 자랑하던 산유국이 아니었다. 고도의 기술로 석유가 원료인 자동차와 항공기 등의 산업을 키운 미국, 일본, 유럽 등의 주요 7개국이다. 다량의 데이터 자원만 확보한들 그것을 활용하는 기술과 지혜가 없으면 국가의 경제력과 풍요로 이어지지 않는다.

움직이는 윈텔

인구 870만 명의 이스라엘. 대형 데이터센터도 해저 케이블도 적지만 화상 인식 기술, 사이버 공격 방어 대책 등 첨단기술로 세계를 선도하고 있다. 인구 560만 명의 싱가포르는 GAFA의 데이터센터를 적극적으로 유치, 승차 공유 서비스 앱으로 동남아시아를 평정한 그랩Grab을 만들어냈다.

거기에 마음이 동한 것이 개인용 컴퓨터 전성기에 한 시대를 구축한 미국의 '윈텔Wintel'(마이크로소프트의 윈도 운영체계와 인텔의 마이크로세서를 기반으로 한 컴퓨터를 가리키는 통칭이지만 때로 두 회사의 전략적 동맹을 가리키는 말로도 쓰인다 - 옮긴이)이다. 인텔은 자율 주행 기술에 강한 이스라엘의 반도체 업체 모빌아이Mobileye를 1조 7천억 엔에 인수했다. 마이크로소프트는 그랩에 출자하기로 했다.

기업은 국가에만 의존하지 않고 때로 약삭빠르게 제 이익을 챙긴다. 데이터 자원과 기술로 앞서가는 미국과 중국 그리고 일본을 포함하는 20세기 선도 국가만으로는 데이터 시대의 세계 지도를 그릴 수 없다. 대국이 '디지털 보호주의'로 기울어도 그 외의 나라가 앞지를 하극상의 기회는 있다. 기존의 규칙으로는 끝내 다스려지지 않는, 국가 간 글로벌 경쟁이 시작되었다.

CBPR

아시아태평양경제협력체가 2011년에 합의한 권역 내 데이터 이전 규칙이다. 정식 명칭은 '국경간프라이버시보호규칙'으로 Cross Border Privacy Rule을 줄여 CBPR이라 부른다. 2019년 10월 시점에서 미국, 일본, 한국, 캐나다, 멕시코, 싱가포르, 오스트레일리아, 대만의 8개국이 참가했다.

CBPR의 참가국 사이에는 기업이 가진 개인정보를 자유롭게 거래할 수 있도록 했다. 기업이 고객에게서 수집한 신용카드 정보 등을 국외로 반출하려면 각국의 법제에 따라야 하는데 나라마다 다른 기준에 맞추기가 번잡하다. 그래서 통일된 기준을 세우고, 각국 기업이 인증 단체의 심사를 통과하면 데이터를 국외로 이전할 수 있는 구조를 만든 것이다. 데이터 규제가 복수의 국가에서 통일되면 권역 내 기업 활동이 활발해진다.

한편 EU나 중국도 독자적인 규제를 도입해 데이터 경제권이 난립할 수 있는 상황이기도 하다. 관련 규제의 조정 등 데이터를 둘러싼 외교 전략의 중요성이 나날이 높아지고 있다.

해저 케이블

무수한 광섬유를 묶은 해저 케이블은 세계 데이터통신의 99퍼센트가 지나는 '인터넷의 바닷길'이다. 총 길이는 지구 서른 바퀴에 이른다. 데이터 경제의 토대를 둘러싸고 벌어지는 땅 빼앗기 싸움에서도 미국과 중국 양대 진영이 격전을 벌이고 있다.

미국의 조사 전문 회사 텔레지오그래피Telegeography에 따르면 해저 케이블의 총 길이는 약 120만 킬로미터에 달한다. 신흥국에서의 인터넷 보급 등을 배경으로 2016년 무렵부터 가설에 가속도가 붙었으며 2020년에는 거기서 20퍼센트 더 늘어날 것으로 예상된다.

여기에 적극적으로 나선 것이 구글과 페이스북이다. 2016년에서 2020년 사이에 완성되는 전체 케이블의 3분의 1에 해당하는 약 15만 5천 킬로미터가 두 기업 중 한쪽이 출자한 것이다. 미국, 일본, 유럽, 오스트레일리아 등 선진국을 잇는 태평양과 대서양의 통신망 분야의 투자도 확대되고 있다.

이에 맞서는 것이 차이나텔레콤中國電信, 차이나유니콤中国联通, 차이나모바일中国移动通信의 중국 3대 통신회사이다. 중국 본토로 연결되는 케이블에 머무르지 않고 중동, 아프리카 등 신흥국에도 활발하게 투자하고 있다. 2018년에 완성되어 아프리카와 남미를 처음으로 직접 연결한 해저 케이블도 중국 자본으로 만들어졌다.

국가나 대륙을 가로지르는 케이블 가설은 막대한 비용이 들기 때문에 경쟁 관계인 미국과 중국 기업이 손잡고 출자하는 사례도 많다. 일본 통신사업자 KDDI의 해저 케이블 부문 수석 고문은 "출자액이나 경유지를 두고 기업 사이의 교섭도 격렬하다"라고 밝혔다.

미국의 통신 장비 업체 시스코시스템스는 2021년 데이터 유통량이 2016년의 3배가 될 것으로 예측한다. 2020년대에는 초고속 차세대통신 5G가 보급되고 통신위성 확충의 움직임도 있다. 21세기 경제를 지탱하는 정보 인프라를 둘러싸고 선수들이 불꽃 튀는 경쟁을 펼치고 있다.

인터넷 공간에 세금을 매기다 _____。

유서 깊은 카지노가 보유한 데이터의 가치가 격렬한 인수합병 전쟁을 불러왔다. 2018년 10월, 미국의 대형 카지노 업체 시저스엔터테인먼트Caesars Entertainment에 거액의 인수 제안이 들어갔다는 관측이 떠돌았다. 인수에 나선 것은 미국의 저명한 자산가 틸먼 퍼티타Tilman Fertitta이다.

시저스엔터테인먼트는 세계적으로 50개 이상의 호텔과 카지노를 거느린 대기업으로 시가총액은 60억 달러로 추산되었다. 인수합병에서는 통상적으로 자산 등에 근거한 '돈'의 가치가 주목받지만 이번에는 다른 초점이 부각되었다. 바로 회사가 소유한 종합 고객 데이터베이스 '토털 리워즈Total Rewards'이다. 한때 10억 달러의 가격이 매겨진 적도 있는, 재무제표에는 올라가지 않는 보물창고였다.

산정액 10억 달러

토털 리워즈는 5천500만 명 이상의 고객 중 누가, 언제, 어떤 서비스를 이용했는지 상세하게 기록하여 마케팅의 원천으로 삼던 데이터베이스이다. 2015년에 시저스엔터테인먼트의 자회사가 파산했을 때, 채권자에 의한 관련 자산 산정에서 라스베이거스의 대형 호텔보다 비싸게 평가받았다.

시저스엔터테인먼트를 둘러싸고 미국의 엘도라도리조트도 인수 경쟁에 나서 퍼티타와 격렬한 승부를 펼쳤다. 최종적으로 엘도라도리조트가 경쟁에서 승리하여 2019년 6월 85억 8천만 달러에 시저스엔터테인먼트를 인수하는 데 합의했다.

캘리포니아대학 샌디에이고캠퍼스의 짐 쇼트Jim Short 교수는 "기업이 가진 데이터에 거액의 가격이 붙게 되었다"라고 말한다. 토지나 설비 같은 '눈에 보이는 자산'보다 데이터의 자산 가치가 중시되고 인수합병 등 기업 경영의 기본 규칙이 무너지기 시작했다. 데이터를 축으로 하는 전략은 점점 속도를 올리고 있다.

비즈니스용 소셜미디어 링크드인은 2015년 미국의 온라인 학습 사이트 린다닷컴Lynda.com을 15억 달러에 사들였다. 린다닷컴의 학습 콘텐츠를 이용자의 이용 빈도를 높일 무기로 보았기 때문이다. 그 영향으로 비즈니스 종사자층의 고객 확대에 성공한 링크드인은 이듬해인 2016년, 금세 마이크로소프트에 넘어갔다. 인수액은 262억 달러.

데이터는 모일수록 기하급수적으로 기업 가치를 높이고 도미노 식 인수합병의 연쇄를 낳는다.

과세의 상식을 뒤엎다

데이터의 가치에는 국가도 민감하고 조심스럽게 반응한다. 이스라엘은 2016년 새로운 과세 제도를 도입했다. 국내에 지점이나 사무실이 없어도 이스라엘 국민에게 인터넷 서비스를 제공하면 법인세를 부과했다. 새로 도입한 과세 제도가 노리는 것은 국경 없는 세계에서 급성장을 거듭한 미국 기업 구글 같은 정보기술 거인이다.

지점이나 공장 같은 거점이 없으면 현지에서는 법인세를 부과하지 않는 것이 전통적인 과세 규칙이다. 그러나 이익의 원천적인 변화를 따라잡지 못하면 국가의 세수는 줄어들고 만다.

인도도 2016년 인터넷 광고를 판매하는 해외 기업에 매출의 6퍼센트에 해당하는 세금을 부과하는 제도를 새롭게 도입했다. 이탈리아, 슬로바키아, 우간다 등에서도 잇달아 데이터 경제에 눈을 돌린 새로운 과세 제도를 들고나왔다. 새로운 디지털 과세는 수세에 몰려 있던 국가가 인터넷 공간에 국경을 그어 공세로 돌아서려는 움직임으로도 보인다.

국제 과세 전문가인 한 세무사는 일본도 남의 일이 아니라고 말한다. 일본 기업도 온갖 업종이 데이터와 관련을 맺고 있어 과세 강화의 영향을 받을지도 모른다. 한편으로 국내 규칙을 재검토하지 않으면 일본 세무 당국이 각국에서 과열되고 있는 과세 쟁탈전에서 뒤처질 수 있다는 우려도 있다.

보이지 않는 자산인 데이터가 얼마나 많은 부를 가져올 것인가. 쇼트 교수는 적정 가격의 판단은 어려운 것이 현실이라고 지적한다. 전통적인 잣대는 이제 더이상 통용되지 않는다. 기업과 국가가 정보의 광맥을 발굴하는 안목을 다투는 가운데 데이터의 세기에 걸맞은 새로운 규칙은 만들어진다.

디지털 과세

현행 국제 과세 규정은 웹서비스 등을 통해 이익을 내는 거대 정보기술 기업에 충분히 대응하지 못하고 있다는 비판이 제기되었다. 이로 인해 주요 20개국 회의와 경제협력개발기구에서 '디지털 과세'의 새로운 규칙을 둘러싼 논의가 진행 중이다. 2020년까지 결론을 낼 예정이지만 각국의 주장이 대립하여 난항을 거듭할 것으로 보인다.

기업이 서비스나 상품을 판매했을 때의 세액은 지점이나 공장 같은 경제적 거점을 바탕으로 산정된다. 현행 국제 과세 규정에서는 이런 거점에서 생긴 이익에 과세하는 것이 원칙이다.

그러나 구글이나 페이스북으로 대표되는 미국 거대 정보기술 기업은 인터넷을 통해 전 세계로 서비스를 제공한다. 그것과 교환하여 모은 방대한 개인정보를 이익으로 바꿈으로써 성장을 거듭하고 있다. "거점이 거의 없는데 높은 이익을 거둔다"라는, 기존에 상정하지 않았던 사업 모델인 까닭에 과세하기 어렵다는 문제가 있었다.

거대 정보기술 기업은 조세피난처를 이용한 절세 대책에도 적극적이다. 유럽연합 집행위원회는 2018년 3월, "디지털 비즈니스 기업의 세금 부담률은 9.5퍼센트, 전통적인 비즈니스 기업이 부담하는 23.2퍼센트의 절반 이하에 불과하다"라고 비판했다.

디지털 과세의 강화에 가장 적극적인 것은 유럽이다. 유럽에서는 한때 ① 정보기술 기업을 대상으로 하는 과세 규정의 근본적인 재고 ②재고안이 실현될 때까지 정보기술 기업의 매출에 과세하는 잠정 조치의 도입 등의 새로운 규칙이 논의되었다.

구글 등 거대 정보기술 기업의 존재감이 나날이 높아지는 미국이나 알리바바, 텐센트 같은 신흥 정보기술 기업을 거느린 중국에서는 이런 유럽의 '정보기술 저격' 자세를 경계한다. 한편 이스라엘이나 인도 같은 신흥국은 논의가 진전되기를 기다리지 않고 독자적인 과세 강화 조치를 단행했다. 국제 협조의 틀을 만들어나가는 여정은 아무래도 험난해 보인다.

30년 전의 나를 지워줘 ———○

"열네 살 딸이 볼지도 모릅니다. 지워주세요."

2018년 여름, 구글에 이런 요청이 왔다. 메일을 보낸 사람은 에이미 스미스(가명)의 대리인이다. 과거에 연예계에 있었던 스미스. 30년 전에 찍은 화보 사진이 아직도 인터넷에 남아 있다. 인터넷 공개는 허락하지 않았다며 사진 링크 15건을 검색 결과에서 삭제해달라고 구글에 호소했다.

반 이상은 지우지 못하고

스미스가 믿고 있는 것은 '잊힐 권리'이다. 개인이 가진 권리의 하나로서 인터넷에 있는 개인정보의 삭제를 요구할 수 있다. 유럽 사법재판소가 2014년에 그 권리를 인정하고 2018년 5월 시행된 유럽일반개인정보보호법에 규정되었다.

1789년 프랑스에서 채택된 인권선언은 개인의 자유와 평등을 보장하여 시민사회의 초석이 되었다. 그로부터 200년 남짓, 인권의 발상지 유럽에서 또다시 인터넷 시대의 인권 규정을 둘러싸고 격렬한 논의가 오가고 있다.

그 답은 여전히 혼돈 속에 있다. 지금까지 구글에 330만 건의 링크 삭제 요청이 있었지만 실제로 지워진 것은 절반 이하인 약 130만 건에 그친다. 삭제도 EU 권역 내로 제한되어 일본이나 미국에서는 그대로 남아 있다. 아무도 나를 지켜주지 않는다면 스스로 지킬 수밖에 없다.

"구글은 쓰면 안 돼."

프랑스 출신으로 도쿄에 사는 마크는 두 딸에게 늘 이렇게 타이른다. 무턱대고 개인정보를 구글에 넘기지 않기 위해서이다. 자신도 2016년 무렵부터 구글의 메일과 지도 서비스의 이용을 그만두고 사생활 보호를 내세우는 대체 서비스로 갈아탔다.

'타인이 나를 관리하기를 바라지 않는다.' 그런 마음으로 시작한 '탈脫 구글'이지만 검색 서비스만큼은 안 쓰면 일이 진행되지 않는다. 그 바람에 자신의 관심사나 업무에 관한 정보가 구글에 축적되어 간다. 그래도 일을 하려면 개인정보를 넘겨줄 수밖에 없다고 한탄한다.

또 하나의 나

개인정보를 독점하고 거대 정보기술 제국을 건설한 구글과 페이스북. 편리한 서비스를 무료로 제공하는 사업 모델은 전 세계에서 지지를 받았다. 다만 개인정보를 제공하지 않으면 거의 모든 서비스를 사용할 수 없다. 인터넷에 남긴 '나'의 흔적으로 기업은 수익을 올린다.

"새로 나온 회색 재킷, 20퍼센트 할인이면 사시겠어요?"

대형 의류회사의 질문에 수천만 명이 삽시간에 답변했다. 정보기술 벤처기업 '센시SENSY'(도쿄 시부야구 소재)의 수요 예측 시스템에서 질문에 답하는 것은 인간이 아니다. 실재하는 인간의 소비 이력 같은 정보로 한 사람 한 사람의 '인격'을 복제한 인공지능이다.

구매 기록 등을 학습해 소비자의 감정이 어떻게 움직이는지, 어떤 취향인지 해석해서 인공지능에 의한 '또 하나의 나'를 만든다. 그것을 제품 개발에 응용하려는 움직임이 의류회사 등에서 나타나고 있다. 어느새 인공지능은 증식해 1억 명분에 다다르려 하고 있다. 일본 인구의 대부분을 대신할 '또 하나의 일본'이 탄생하는 셈이다.

"개인정보와 교환하여 무료로 편리한 서비스를 쓰시겠습니까?"

스마트폰이나 소셜미디어를 사용할 때 나오는 이용 약관은 묻는다. 우리는 사생활 정보를 제공하는 데 걸맞은 대가를 얻을 수 있을까. 한 사람 한 사람이 새로운 관점에서 그 답을 생각해볼 때가 왔다.

잊힐 권리

인터넷이 보급된 2000년대 이후, 유럽을 중심으로 자신의 정보를 삭제할 것을 기업 등에 요구할 수 있다 하여 새로운 권리에 대한 논의가 일기 시작했다. 이 권리는 자신의 정보가 불필요하게 퍼져나가지 않도록 관리하는 개인정보 보호 방법의 한 가지로서 서서히 인정을 받았다.

주목을 받은 것은 2014년 5월. 스페인의 한 남성이 자신의 과거 정보에 관한 검색 결과를 삭제할 것을 요구하며 구글을 제소한 일이다. 유럽사법재판소가 판결에서 처음으로 이 권리를 인정했다.

잊힐 권리는 2018년 5월에 시행된 EU의 일반개인정보보호법에서도 '삭제권'으로 규정되었다. 일반개인정보보호법 제17조는 '개인정보가 더이상 필요하지 않은' 경우 등에 해당할 때, 데이터를 가지고 있는 측이 삭제에 응할 의무가 있다고 규정한다.

검색 사이트뿐 아니라 개인정보를 가진 모든 기업에 대응 의무가 있다. 삭제 대상인 데이터의 종류도 범죄 이력, 과거의 교우 관계 등 당사자에게 '불편한' 것에 한정되지 않는다. 구글은 2014년 이후 개인을 비롯한 당사자의 요청을 받아 약 130만 건의 링크를 삭제했다.

다만 유럽 이외에서는 사고방식에 온도차가 있다. 미국 캘리포니아주에서 2020년부터 시행될 예정인 '캘리포니아 소비자 프라이버시법'은 소비자가 기업에 개인정보의 삭제를 요구할 수 있는, EU의 일반개인정보보호법과 닮은 조항을 도입한다. 그러나 다른 주에서 뒤따르는 움직임은 한정적이다. 미국은 표현의 자유를 중시하여 정보 삭제에 신중함을 보이는 의견도 탄탄하다.

일본에서도 2015년 사이타마 지방법원이 낸 결정문에서 "과거의 범죄가 사회에서 잊힐 권리가 있다"라고 언급한 사례가 있다. 그러나 그 후 도쿄 고등법원은 "법률에 정해진 것이 아니며 요건과 효과가 불명확"하다고 부정했다. 삭제 대응은 원칙적으로 명예훼손이나 사생활권 침해 등으로 제한되는 것이 현실이다.

26억 개 눈동자, 국가가 관리한다 ────○

인도 뉴델리시 남부의 빈민가. 자식과 손주 열다섯 명에게 둘러 싸인 사라 마노를 구한 것은 정부가 도입한 생체 정보 활용 신분증 프로그램 '아드하르Aadhaar'였다.

홍채 정보도 등록

남편을 여읜 2013년에 사라는 이름, 얼굴 사진과 함께 지문, 두 눈의 홍채 정보를 등록하고서야 비로소 신분증을 받았다. 가족의 생활비는 한 달에 1만 5천 루피. 풍족하지는 않지만 정부의 생활 지원이 시작되어 은행 계좌와 휴대전화도 가질 수 있게 되었다.

"휴대전화로 TV 요금도 내줘요."

딸이 스마트폰을 익숙하게 쓰는 모습을 보며 사라는 흐뭇한 미소를 지었다.

선진국의 첨단기술을 모방하여 부지런히 뒤를 쫓는다. 장벽이 되는 규제나 기존 산업의 속박도 없다. 신흥국이 종래와는 다른 패턴으로 개구리 뜀뛰듯^{leapfrog} 몇 단계를 껑충 뛰어넘어 발전하는 현상이 세계 곳곳에서 나타나고 있다. 게임의 규칙을 바꾸는 원동력이 된 것이 바로 데이터 경제이다.

아드하르에는 인도 13억 인구의 약 90퍼센트가 등록되어 있다. 세계 최대의 개인 생체 정보 데이터베이스로서 현지 기업도 활용한다. "1개월 99루피로 14기가바이트의 데이터통신을 마음대로 사용할 수 있다." 사라의 딸이 사용하는 인도의 통신사 릴라이언스지오 Reliance Jio 는 '세계에서 가장 싼 휴대전화 요금'을 내세우며 아드하르를 발판으로 이용자를 급속도로 늘리고 있다.

인도의 국내총생산은 2023년에 4조 달러로 2014년과 비교해 배로 늘어날 전망이다. 같은 4조 달러까지 늘리는 데 독일은 26년이 걸렸지만 데이터의 세기는 신흥국에 일찍이 없던 고속 성장을 가져왔다.

그러나 거기에는 대가도 따른다. 2018년 9월 인도 최고재판소. 인권 단체와 정부가 다툰 소송에서 아드하르가 국민의 사생활을 침해한다는 판결이 나왔다. 최고재판소는 아드하르를 합법으로 인정하면서도 데이터는 신중하게 이용해야 한다고 못을 박았다. 통신 이력이나 계좌 정보가 정부에 고스란히 새어 나가는 것을 싫어하는 부유층을 중심으로 반대 여론이 퍼져나가고 있다.

국민이 정부를 감시하다

이집트에서는 2018년 7월, 의회가 소셜미디어와 관련하여 신규 제도를 도입했다. 가짜 뉴스 대책을 이유로 팔로워가 5천 명이 넘는 개인 소셜미디어를 감시 대상으로 삼은 것이다. 국가의 관리가 지나치면 애써 손에 넣은 경제성장 대신 자유를 잃을지도 모른다. 답은 없는 걸까.

유럽 발트3국의 작은 나라 에스토니아. 관민이 하나된 전자정부 사업이 관련 정보기술 기업을 만들고 2017년에는 4.9퍼센트의 경제성장을 실현했다. 주소 변경부터 회사 등기, 은행 거래도 인터넷만 있으면 너끈히 할 수 있다. 정부의 국민 감시로 이어질 수도 있지만 새로운 장치를 도입했다.

"8월 1일, 세무 당국이 귀하의 계좌 정보를 열람했습니다."

전자정부 전시관에서 일하는 토비아스 코크흐가 실연 동영상을 보여주었다. 가장 큰 특징은 정부기관이 자신의 어떤 개인정보에 접속했는지 하나하나 확인할 수 있다는 점이다. 접속 이유 공개를 요구하고 직접 민원도 낼 수 있다. 코크흐는 "(소설 『1984』에 등장하는 가공의 독재자) 빅브라더의 발상을 역전시킨 구조"라고 말한다.

데이터 경제가 가져오는 풍요와 개인의 속박은 동전의 양면이다. 부정적인 측면을 억제하면서 자신의 결실을 어떻게 키워갈 것인가. 새로운 지혜가 요구되는 시점이다.

디지털 신분증 제도

정보기술 산업 진흥에 힘을 쏟고 있는 인도 정부가 비장의 무기로 삼은 것은 2010년부터 시행한 독자적인 디지털 신분증 제도 '아드하르'이다. 힌디어로 '기초'를 의미하는 아드하르는 글자 그대로 인도의 경제와 사회를 지탱하는 정보 인프라가 되었다.

국민은 정부의 데이터베이스에 필요한 개인정보를 등록한다. 12자리 숫자의 개인 번호 카드를 받아서 보조금, 교육, 의료 서비스를 받을 때 신분증으로 사용한다. 시스템 개발에는 일본의 NEC도 협력했다. 터번이나 수염으로 얼굴이 가려져도 높은 정밀도로 개인을 식별할 수 있다.

정부가 신분을 보증하기 때문에 개인으로서는 은행 계좌나 휴대전화를 쉽게 가질 수 있다. 2017년에는 성인의 계좌 보유율이 80퍼센트로 6년 전의 40퍼센트와 비교해 훌쩍 높아졌다. 몇 퍼센트에 머물렀던 스마트폰의 보급률도 2018년에는 약 30퍼센트로 확대되었다.

기업에도 아드하르 시스템에 접속하는 구조를 공개하고 있는 것이 특징이다. 스마트폰의 전자결제 등도 간단히 사용할 수 있게 되어 아드하르와 제휴한 새로운 서비스가 속속 등장하고 있다.

과거 인도에는 호적제도가 없어 정부가 빈곤층을 정확하게 파악하지 못하는 등 문제가 있었다. 그 바람에 보조금 지급이 늦어지고 공무원이나 업자에 의한 가로채기도 횡행했다. 아드하르의 도입은 이런 부정행위를 해소할 목적 외에 세금 누수를 막는 대책이라는 측면도 있다.

비슷한 시스템은 다른 신흥국으로도 퍼지고 있다. 필리핀은 생체 인증 정보를 도입한 국민 아이디를 발행하기로 결정했다. 2020년대 전반쯤 1억 명이 넘는 전 국민에게 빠짐없이 보급할 계획이다. 스리랑카, 케냐, 모로코도 비슷한 제도의 도입을 서두르고 있다. 세계은행에 따르면 세계에는 여전히 11억 명 이상이 개인을 특정할 수 있는 증명서를 가지고 있지 않다.

트럼프 대통령의 가짜 동영상에 도전하다

'딥페이크'라는 말이 세계적으로 이목을 끌고 있다. 사람의 입 모양과 음성을 합성해서 진짜를 빼닮은 가짜 동영상을 만들어내는 신기술의 총칭이다. 정치가나 유명인의 가공 연설 등을 인터넷에 유포할 수도 있어 민주주의를 위기에 빠트리는 악질적인 가짜 뉴스로 이어질 수 있다.

실제로 단시간에 완성도 높은 가짜 동영상을 만들 수 있을까. 니혼게이자이신문 산하의 연구 조직 '닛케이혁신연구소'의 연구원과 함께 시도해보았다.

범람하는 가짜 동영상

연구원이 만들어본 것은 트럼프 미국 대통령, 앙겔라 메르켈 독일 총리, 아베 신조 일본 총리의 가짜 동영상이다. 길이는 각각 5초 정도로 음성은 붙이지 않고 표정과 입 모양을 얼마나 자연스럽게 합성할 수 있느냐에 집중했다. 합성에는 인터넷에 공개된 딥페이크용 동영상 제작 엔진을 이용했다.

합성 동영상의 제작은 일단 실제 인물의 샘플 동영상을 되도록 많이 모아서 동영상 제작 엔진에 학습시키는 데서 시작된다. 합성 '재료'로 삼기 위한 중요한 작업이다.

학습이 완료되면 드디어 합성에 들어간다. 연구원이 카메라 앞에서 가짜 동영상에 나타날 인물이 지었으면 하는 표정을 연기한다. 그러면 소프트웨어가 자동으로 그것에 가까운 표정의 샘플 동영상을 골라 합성해주는 구조이다.

특히 중요한 것이 입이다. 크게 벌리거나 닫거나 입꼬리를 올리는 등 다양한 모양이 상대에게 주는 인상을 좌우한다. 가짜 동영상에서 인물에게 시키고 싶은 대사를 염두에 두고 그것에 맞추어 입 모양을 잘 합성하면 좀 더 진짜처럼 보이게 할 수 있다.

처음에는 합성한 부분이 어긋나거나 뿌옇게 된 부분이 눈에 두드러졌다. 이를 보완하기 위해 샘플을 늘려서 합성의 완성도를 높였다. 몇 시간 작업을 거듭하다 보니 점점 합성 부분이 주위 영상과 잘 어우러져 자연스러운 모습에 가까워졌다.

가짜 동영상을 가장 만들기 쉬웠던 인물은 트럼프 대통령이다. 그는 평소에 입 모양이 크고 표정이 풍부하다. 정면을 향한 샘플 동영상도 많아서 양질의 합성 재료를 더 많이 모을 수 있었다는 것도 한몫했다.

메르켈 총리는 표정 변화가 적은 동영상이 많아 합성하면 쉽게 티가 났다. 한편 아베 총리는 트럼프 대통령이나 메르켈 총리보다도 입 모양이 작아서 합성하면 도무지 쓸 만한 동영상이 나오지 않았다. 일본어는 영어 같은 외국어와 비교해서 발음할 때 입 모양이 작기 때문에 합성하기가 상대적으로 어렵다고 한다.

가짜 동영상 양산의 위기

일련의 작업은 두 사람이 업무 시간 틈틈이 매달려 약 10시간 만에 마쳤다. 고작 5초 정도의 무성 동영상이라 해도 그 나름의 완성도에는 도달했다고 생각한다. 트럼프 대통령의 동영상을 본 취재반의 다른 기자는 "얼핏 보기만 해서는 진짜와 헷갈릴 사람도 있겠다"라며 감탄했다.

예전에도 전문적인 영상 제작사 등에서 고가의 소프트웨어를 쓰면 질 높은 가짜 동영상을 만들 수 있었다. 그러나 지금은 합성 기술이 인터넷에 공개되어 있다. 전문가가 아니어도 낮은 비용으로 진짜와 구분하기 힘들 만큼 정교한 가짜 동영상을 만들 수 있는 시대가 되었다. 이번에 시험 삼아 만들어보며 더욱 실감했다. 시간과 수고를 들이면 완성도를 더욱 높일 수도 있다.

화상 보정 소프트웨어를 악용한 가짜 동영상이나 합성 사진은 지금도 인터넷에서 종종 문제가 되고 있다. 딥페이크는 그 진화 버전이라 할 수 있는데, 스탠퍼드대학의 허버트 린 수석 연구원은 "낮은 비용으로 양산되는 가짜 동영상은 종래의 단순한 가짜 뉴스보다 훨씬 사회에 위험하다. 감정에 호소하는 동영상의 힘에 맞서는 이성을 대중에게 기대하기가 어렵다"라는 비관적인 견해를 내놓았다.

기대에 어긋난 대책

대책은 없을까.

이를테면 본인이 직접 실제로 촬영한 것을 나타내는 전자 서명이나 태그를 붙이는 것은 기술적으로는 가능하다. 그러나 린 수석 연구원은 "문제는 많은 사람이 그런 태그에 관심을 주지 않고 영상을 시청해 영향을 받을 수 있다는 점이다. 기술만으로는 해결할 수 없다"라고 말한다.

페이스북은 가짜 뉴스 대책으로 쓴맛을 본 적 있다. 이 회사는 2016년 미국 대통령에 관한 가짜 뉴스가 널리 퍼지는 근원이 되었다는 비판을 받고 대책을 발표했다. 제삼자기관이 "사실이 의심스럽다"라고 비판한 게시물에 '논란의 여지가 있음disputed'이라는 태그를 붙여 주의를 환기한다는 대책이었다.

그러나 태그가 붙어있어도 게시물의 URL을 조금 바꾸면 간단히 태그를 피할 수 있다는 허점이 드러나고, 그 점을 이용한 '태그 도피'가 속출했다. 태그를 벗어던진 가짜 뉴스의 신빙성을 거꾸로 높이고 마는 부작용이 나타났다. 예일대학의 조사에서는 뉴스를 주로 소셜미디어로 접하는 18세에서 25세의 집단에서는 태그를 모면한 가짜 뉴스를 사실로 착각하는 비율이 다른 가짜 뉴스와 비교해 40퍼센트 이상 높다는 점이 드러났다.

딥페이크에 맞서기 위해 동영상이 가공된 흔적을 자동으로 검출하는 기술도 개발되고 있다. 구글 출신의 연구자 팀 황Tim Hwang에 따르면 복수의 인터넷 기업이 거액을 투자하고 있어 딥페이크 기술의 진화를 막을 가능성도 있다고 한다. 그는 "정부는 검출 기술을 개발하는 오픈소스 프로젝트에 자금을 투자해야 한다"라고 제언한다. 유럽에서는 정부와 광고주가 인터넷 기업에 그런 검출 기술을 개발하라는 강한 압력을 넣고 있다.

미국이 치르는 자유의 대가

한편 미국의 싱크탱크 민주주의와정보통신센터 산하 '표현의 자유 프로젝트'의 책임자로 있는 에마 랜소Emma Llansó는 "최첨단의 자동 분석 도구도 아직 검출을 자동화하기에는 정밀도가 떨어진다"라고 지적하며 대책 기술의 개발에는 비관적인 견해를 내놓았다. 애초에 표현의 자유가 중시되는 미국에서는 가짜 뉴스 대책이라 해도 검열로 이어질지도 모를 기술을 개발하거나 이용하는 데에는 신중한 의견도 많다.

 끝없이 계속될 것으로 보이는 기술의 악순환. 자유가 테크놀로지를 키운 미
국이 이번에는 방대해진 테크놀로지가 자유의 토대를 뒤흔드는 얄궂은 사태
에 골치를 앓고 있다.

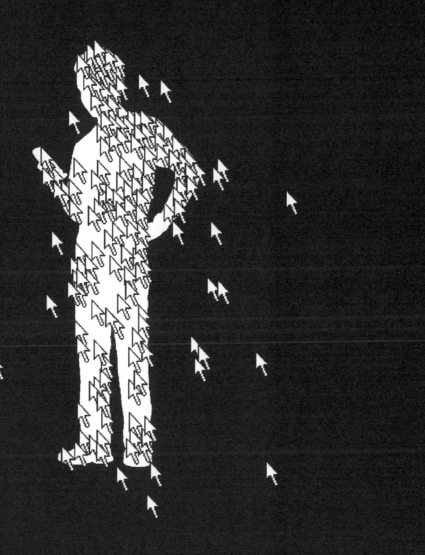

6장

현재와 미래를
둘러싼 논쟁

숫자로 보는 데이터 경제의 현실

데이터 경제라는 변화의 물결은

다양한 숫자에서도 읽을 수 있다.

산업계에 머무르지 않고

아카데미즘과 안전보장 분야에까지 미친

실태가 드러나고 있다.

데이터 이용 어디까지 허용하나 ————。

데이터 경제의 세계에서는 온갖 개인정보가 광범위하게 공유된다. 하루하루의 생활을 편리하게 하는 서비스가 만들어지는 한편 쓰임새에 따라 이름, 주소, 수입 등이 특정될지도 모른다. 이용자가 의도하지 않은 형태로 그런 데이터가 널리 퍼져나갈 불안도 크다.

그 실태를 밝히기 위해 우리 취재반은 데이터 관리 서비스 업체 데이터사인DataSign(도쿄 미나토구 소재)과 공동으로 2019년 2월 1일에 독자적인 조사를 실시했다. 온라인 쇼핑 등 일본 내에서 소비자용 사이트를 운영하는 주요 100개 기업을 대상으로 각각의 공식 사이트를 특수한 소프트웨어로 해석했다. 그리고 2월 21일까지 각 회사에 결과를 보여주고 대응 상황을 물었다.

조사한 것은 각 회사 사이트의 로그인 화면이다.

주요 기업 47퍼센트 고지 없이 외부에 정보 제공

로그인 화면은 메일 주소와 패스워드 등 중요 정보를 입력하기 때문에 다른 페이지보다 신중한 관리가 요구된다. 조사 결과, 2월 1일 시점에서 89개 기업이 이용자의 데이터를 외부로 보내고 있었다. 공유된 것은 주로 '쿠키'라고 불리는 열람 이력 데이터, 단말기 정보, 인터넷상의 주소에 해당하는 'IP 어드레스' 등이었다.

각 회사의 약관도 조사해 이용자에게 어떻게 설명하고 있는지 살펴보았다. 결과는 전체의 절반에 해당하는 47개 기업이 구체적인 제공처를 한 곳도 밝히지 않은 것으로 나타났으며, 개별적으로 공유를 멈추는 거부 수단도 마련해놓지 않았다는 사실이 드러났다.

공유처가 가장 많았던 곳은 항공업체 전일본공수ANA의 사이트이다. 55개 기업이 운영하는 70개의 외부 서비스로 데이터가 넘어가고 있었다. 약관에 "(각종 캠페인 등) 목적 달성에 필요한 범위에서 수집하는 정보를 제삼자에 제공할 수 있다"라고 언급되어 있지만 구체적으로 어디에 제공하는지는 공개하지 않았다.

전일본공수 측에서는 "제공처 각 회사와는 데이터를 개인정보로 이용할 수 없다고 계약을 맺었다"라고 설명했다. 마찬가지로 디엠엠닷컴DMM.com이나 미쓰이스미토모카드도 공유처는 비공개였다.

공유된 데이터 중에서도 가장 많이 외부로 거래된 것이 쿠키 정보이다. 쿠키 정보가 있으면 이용자가 사용하는 열람 소프트웨어

데이터 공유처가 많은 회사 상위 20개사

사이트 운영 기업(서비스 내용)	공유처 수	공유처 공개
전일본공수(항공편 예약)	70	
디엠엠닷컴(콘텐츠 전송)	65	
오이식스라다이치(식품 판매)	52	○
에이치아이에스(여행 예약)	51	○
미쓰이스미토모카드(신용카드)	50	
스타플라이어(항공편 예약)	50	
오리엔트 코퍼레이션(신용카드)	49	
온워드 홀딩스(의류품 판매)	49	
DHC(화장품 판매)	47	
벨루나(카탈로그 통신 판매)	45	○
다카시마야(백화점)	45	
로손엔터테인먼트(티켓 판매)	45	
다이닛폰인쇄(전자 서적)	41	○
마이나비(취업 정보)	40	○
익스피디아(여행 예약)	40	○
파크24(자동차 공유)	39	
아스쿨(사무용품 판매)	39	○
QVC재팬(티비 홈쇼핑)	37	○
다이와증권(온라인 증권)	34	○
메가네톱(안경 판매)	33	

※2019년 2월 1일 시점. 공유된 곳의 수는 로그인 화면이 대상. 공개는 다른 화면에 나타난 것도 조사하여 1개 기업
이상 있으면 ○표시

(인터넷 브라우저)별로 어느 사이트를 언제 방문했는지 등을 알 수 있다. 인터넷상의 행동으로 개인의 취향이나 생활 상황을 추측하여 효율적으로 광고를 전송하는 맞춤형 광고 등에 쓰인다.

쿠키 자체는 개인 이름 등을 포함하지 않아 개인정보보호법에서 정한 '개인정보'에 해당하지 않는다. 타사와 공유해도 그 자체는 위법이 아니다. 하지만 다른 데이터와 대조하여 쉽게 개인을 특정할 수 있다면 보호해야 할 개인정보가 되어 취득이나 외부 제공에 본인의 동의가 필요해진다. 법적인 지위가 모호하다.

이번 조사에서는 파악하기가 더 어려운 2차, 3차 유통처로 데이터가 퍼져나갔다는 사실도 밝혀졌다. 이 분야에 정통한 한 변호사는 "쿠키와 다른 명부를 대조해보면 개인을 특정할 수 있다. 사생활 침해가 될 수 있다"라고 이야기한다.

2019년 말에는 페이스북이 150개 넘는 기업에 이용자의 연락처를 비롯한 개인정보를 제공한 것이 발각되었다. 기업끼리 데이터를 서로 주고받아 새로운 서비스를 만드는 시도가 널리 이루어지고 있다. 하지만 소비자의 이해를 얻지 않은 채 데이터를 공유하는 행위는 일본에서도 우려의 목소리가 높아지고 있다.

EU에서는 의무화

쿠키 정보 등 개인의 인터넷상 행동을 나타내는 데이터의 취급을 대상으로 세계적으로 규제의 움직임이 잇따르고 있다. 대표적인 사례가 EU의 일반개인정보보호법이다. 쿠키도 개인정보로 규정하고 수집과 외부 제공에 대해 '명확한 설명'을 해야 한다고 의무로 부과했다.

일본 기업도 남의 일이 아니다. 2019년 1월, EU는 일본의 개인정보 보호 수준이 EU와 비슷하다고 인정하는 적정성 결정을 내렸다. 일본 기업은 유럽에서 데이터를 옮기기 쉬워진 한편 엄격한 설명 의무를 부과받게 되었다. EU는 일본의 개인정보 보호 수준이 EU와 비슷한지 정기적으로 확인하는데, 유럽법에 정통한 한 변호사는 "일본 기업의 데이터 보호에 미비한 점이 있으면 사정 과정에 영향을 줄 수 있다"라고 말한다. 일본의 개인정보보호위원회도 "쿠키 같은 정보가 제공처에서 어떻게 쓰이는지 기업은 파악해 설명해야 한다"라고 강조한다.

맞춤형 광고 성장의 부작용

데이터 공유 100개 기업 조사로 이용자가 알아차리기 힘든 형태로 기업의 데이터 공유가 널리 이루어지고 있다는 실태가 드러났다. 쿠키 등의 이용 데이터는 첫 제공처에서 2차, 3차 유통처로 넘어가 사이트 운영 기업도 미처 다 파악하지 못하는 사례가 많았다.

"대책 마련에 힘을 기울이고 있지만 이렇게까지 광범위할 줄은 몰랐다." 다이닛폰인쇄에서 운영하는 전자 서적 사이트 '혼토 Honto'의 담당자는 조사에서 검출된 데이터 공유처 목록을 보고 얼굴을 찌푸렸다. 이용자를 늘리기 위해 혼토는 외부의 광고 전송 서비스와 데이터 분석 서비스를 적극적으로 활용하고 있다. 서비스를 도입할 때에는 수집하는 데이터의 범위와 목적, 안전성을 확인한다. 공유를 거부할 수 있는 수단도 약관에 추가하는 등 섬세하게 대책을 마련해왔다.

하지만 검출된 41건 가운데 약관에서 명기하고 있는 것은 야후, 사이버에이전트 등 10개 기업이 제공하는 11건의 서비스뿐이었다. 나머지 22개 기업 30건의 유출에는 직접 도입한 기억이 없는 광고 전송과 데이터 수집용 외부 서비스가 포함되어 있었다.

이번 조사는 이용자가 중요 정보를 입력하는 로그인 화면만을 대상으로 했다. 쿠키는 사이트 화면마다 만들어지고, 그 데이터를 받는 기업이나 단체는 대부분 그 페이지를 구성하는 프로그램의 일부에 접속할 수 있게 된다. 기술적으로는 화면 설정을 바꾸는 것도 가능하다. 2차, 3차도 포함해 데이터 유통처가 악의적인 해커에 탈취당하면 이용자를 가짜 사이트로 유도하거나 해서 패스워드와 카드 번호가 유출될 수 있다(EG시큐어솔루션 도쿠마루 히로시 사장).

이런 사태를 막으려면 사이트를 운영하는 기업도 사전에 데이터 공유가 어떻게 이루어지는지 전체 상황을 반드시 파악해놓아야 한다. 그러나 그것을 어렵게 만드는 요인이 있다.

첫 번째는 맞춤형 광고 시장의 급팽창이다. 일본에서도 1조 엔 규모의 산업으로 크게 성장해 참여 기업이 급증하는 부작용을 낳고 있다.

다이닛폰인쇄의 2차, 3차 유통처에는 데이터 판매회사, 해적판 사이트 광고 전송과 관련된 기업도 포함되었다. 인터넷 광고업계 권익 단체인 일본인터랙티브광고협회는 "쿠키 정보라면 자유롭게 거래해도 된다고 오해하는 기업이 많다"라고 지적한다. 다이닛폰 인쇄의 사례도 1차 공유처에서 데이터가 흘러갔을 가능성이 있다.

두 번째로 기업 조직 내 개별 부문의 할거주의(자신이 소속된 부문 만을 생각하고 다른 부문을 배려하지 않는 편협한 태도를 보이는 현상 - 옮긴 이)에서 비롯된 폐해를 들 수 있다. 인터넷을 이용한 판매 촉진 활 동은 대다수 기업에서 그 업무가 광고 홍보, 시스템, 법무의 여러 부문에 걸쳐 있다. 한 인터넷 서비스 대기업의 기술 담당자는 "광 고 부문이 미리 양해도 얻지 않고 데이터 공유 도구를 늘리고 있어 안정성을 미처 다 확인하지 못하고 있다"라는 속사정을 흘렸다.

페이스북이 제공하는 '좋아요' 버튼이 대표적인 예이다. 페이지 를 방문하기만 해도 이용 데이터가 자동으로 송신된다. 영업 담당 자가 인터넷상의 인지도 향상에 도움이 된다고 생각해 사내 전문 가의 양해를 얻지 않은 채 도입해버리는 사례가 많다. "서비스 설 계 단계부터 시스템과 법무 양 부문이 긴밀한 제휴를 맺어야 한다" 라는 지적도 있다(오이 데쓰야 변호사).

데이터를 어떻게 보호할 것인가를 두고 논의가 활발히 진행되고 있다. 일본 총무성 주관의 전문가 회의에 참석하는 모리 료지 변호사는 "이용자가 파악할 수 없는 서버와의 쿠키 거래는 사생활 침해의 가능성이 있다. 추적 기술이 진화한 현재, 방치는 타당하지 않다"라고 말한다.

법제의 미비

그러나 현실적으로 기업의 노력만으로는 해결할 수 없으며 법제에도 미비점이 있다. 이것이 세 번째 요인이다. 이름이나 주소를 특정할 수 있는 개인정보를 외부로 제공하려면 본인의 동의가 필요하다. 개인정보보호법에서는 이용자가 거부하지 않는 한 제삼자에게 개인정보를 제공할 수 있는 '옵트아웃opt-out' 방식을 인정한다. 그러나 대상은 원칙적으로 '개인정보 취급 사업자'로 제한하는데 그 구분도 모호하다.

한 부동산 대기업은 2017년에 옵트아웃 방식의 도입을 검토했지만 개인정보보호위원회에서 '대상 외 업종'이라고 퇴짜를 맞았다. 인터넷을 경유해 직접 이용 데이터를 수집하는 기업이 늘고 있지만, 쿠키를 개인정보와 비슷하게 취급해야 할지 여부를 판단하기 어렵다. 기업은 데이터 공유를 중지할 수단을 마련해야 하는가를 두고도 머리를 싸맨다.

일반개인정보보호법에서 쿠키를 개인정보로 규정한 EU는 기업의 데이터 공유에 대해 감시를 강화하고 있다. 프랑스 당국은 2018년 말에 쿠키 제공처를 이용자에게 통지해야 한다는 지침을 밝히고

2019년 1월, 규제 위반을 이유로 구글에 62억 엔의 과징금을 부과했다. 데이터를 밑거름 삼아 성장을 계속해온 GAFA도 데이터 관리를 엄격히 하라는 요구에 직면한 상황이다.

약관과 공유처의 재검토 잇따라

우리가 2019년 2월 21일까지 각 회사에 문의했을 때 적어도 8개 기업이 어떤 대응을 마련하거나 검토하고 있다고 대답했다. 로손 엔터테인먼트는 "그룹 전체 차원에서 약관을 다시 살펴 개정을 검토하고 있다"라고 밝혔다. 다이닛폰인쇄도 "이용자의 정보를 활용하는 이상 알기 쉽게 설명해야 한다"라면서 명시하는 공유처를 늘렸다. 그 외에 공유처를 줄인 기업도 여럿 찾을 수 있었다.

이번 조사에서는 로그인 화면에서 외부로 평균 17.4건의 데이터 공유가 확인되었다. 공동 조사한 데이터사인의 사장은 "여행 관련 서비스나 화장품 온라인 판매 등 웹마케팅이 활발한 업계일수록 공유처가 많다"라고 분석했다.

공유되는 데이터의 주된 용도는 인터넷 광고 외에 데이터의 수집이나 해석, 소셜미디어와의 제휴 도구가 두드러졌다. 부정한 접속을 방지하기 위한 외부 서비스를 사용하고 있지만 안전을 위해 공유처를 명기하지 않는다는 목소리도 있었다.

데이터 이용을 어디까지 기업에 허용해야 할지 이용자도 고민스럽다. 쿠키는 인터넷 열람 소프트웨어의 설정으로 이용 자체를 거부할 수 있다. 하지만 거부하면 자동 로그인이나 쇼핑카트를 쓰지 못해 바로 불편을 느끼고 만다. 편리함과 개인정보 보호를 양립하려면 이용자도 각 회사의 약관을 확인할 필요가 있다.

---

* 개인이나 가정에 친근한 인터넷 서비스 중 각 분야의 점유율 상위권 기업을 중심으로 100개 기업을 조사 대상으로 삼았다. 2019년 2월 1일에 각 회사 사이트의 로그인 화면에서 쿠키 등의 이용 데이터가 어떻게 흘러가는지 조사했다. 로그인 화면은 아이디와 패스워드를 입력하기 때문에 데이터 공유 방식을 악용한 엿보기나 조작의 피해를 보기 쉽다.

각 회사 사이트의 통신 내용으로 구체적인 데이터 공유처와 사명을 검출, 사이트 이용 약관과 개인정보 처리 방침과 대조하여 공유처를 명기하고 있는지 검증했다. 검출된 공유처에는 기업이 데이터 분석 등을 의뢰하는 업무 위탁처나 부정 접속 방지용 서비스도 포함된다. 결과는 조사 대상이 된 모든 회사에 통지했다. 조사 후에 약관이나 공유처를 바꾼 기업도 있다.

조사 대상 기업은 다음과 같다.

아오야마상사/아스쿨/아마존닷컴/이플러스/이온/이케아/이토요카도/에어비앤비/에이치아이에스/에이치투오리테일링/익스피디아/SMBC닛코증권/SBI증권/에디온/NTT도코모/엔재팬/오이식스라다이치/오리엔트코퍼레이션/오르비스/온워드홀딩스/카인즈/카카쿠코무/키타무라/QVC재팬/구글/구루나비/크레디세존/KNT-CT홀딩스/KDDI/JR도카이/JR니시니혼/JR히가시니혼/JCB/JTB/시즈오카은행/자파넷타카타/주피터숍채널/조신전기/JINS/스타플라이어/스미신SBI넷은행/센슈카이/ANA/ZOZO/소프트뱅크/Zoff/다이닛폰인쇄/다이마루마쓰자카야/다이와증권/다카시마야/지바은행/TSUTAYA/DHC/디엠엠닷컴/DCM홀딩스/디노스세실/Dell/도큐핸즈/드왕고/닛센홀딩스/니토리홀딩스/JAL/니혼여행/농림중앙금고/노무라증권/파크24/퍼솔템프스태프/팰시스템생활협동조합연합회/피아/빅카메라/패스트리테일링/판켈/페이스북/후쿠오카은행/벨루나/마이크로소프트/마이나비/마우스컴퓨터/마루이그룹/마루이에츠/미즈호은행/미쓰이스미토모카드/미쓰이스미토모은행/미쓰고시이세탄홀딩스/미쓰비시UFJ은행/메가네톱/메루가리/야후/야미디전기/유초은행/유니/요코하마은행/요도바시카메라/라이프코퍼레이션/라쿠텐/리쿠르트라이프스타일/리소나은행/료힌케이카쿠/로손엔터테인먼트/월드

쿠키

언제 어느 웹사이트를 보았나 하는 열람 이력, 각 사이트의 패스워드에 직결되는 로그인 정보를 비축한 데이터를 말한다. 컴퓨터 등에서 사용하는 브라우저마다 보존된다. 사이트 측에서 이용자를 식별하고 패스워드를 매번 입력하는 수고를 줄인다. 동영상 사이트에서 이전에 시청하다 만 동영상을 이어서 재생하는 구조에도 쓰인다.

사이트를 운영하는 기업뿐 아니라 외부의 웹 광고회사 같은 곳에서 쿠키 데이터를 모아서 개인의 기호에 맞춘 맞춤형 광고에 이용할 때도 많다. 사이트의 열람 이력을 분석해서 그 사람의 취미, 생활습관 등을 추측할 수 있기 때문이다.

쿠키 자체는 이름 같은 정보를 포함하지 않는다. 그래서 일본의 개인정보보호법에서는 쿠키 단독으로는 엄격하게 취급해야 하는 '개인정보'에 해당하지 않는다고 보고 있다.

한편 일본인터랙티브광고협회는 가맹사에 광고 목적으로 쿠키 정보를 제공한 상대 업체를 공개하도록 의무화했다. EU의 일반개인정보보호법에서는 쿠키도 개인정보로 취급하여 이용하려면 본인의 동의가 필요하다.

움직이지 않는 두뇌 ————○

데이터 경제의 근간을 이루는 것이 방대한 데이터를 순식간에 해석하는 인공지능이다. 제품과 서비스의 개발, 신규 사업의 개척 등 기업에서도 인공지능의 용도는 새로운 분야로 확대되고 있다. 인공지능은 경제성장에 빼놓을 수 없는 테크놀로지라고 할 수 있다.

그러나 닛케이BP가 운영하는 전문 사이트 '닛케이크로스테크'와 취재반의 공동 조사에서 놀랄 만한 실태가 드러났다. 일본의 주요 기업 중 60퍼센트가 인공지능의 운영에 빼놓을 수 없는 데이터의 활용 면에서 과제를 떠안고 있는 것이 현실이다. 필요한 데이터가 부족하거나 데이터 형식이 들쭉날쭉하는 바람에 사용하지 못해서 인공지능의 도입에 갈팡질팡하는 사례가 많다. 미국과 유럽을 중심으로 기업의 인공지능 활용이 급속도로 확대되는 가운데 '움직이지 않는 인공지능'이 계속 늘어나면 세계 경쟁에서 뒤처질지도 모른다.

주요 113개사에 묻다

우리와 닛케이크로스테크는 2018년 7월부터 8월에 걸쳐 일본을 대표하는 대기업 113개사에 인공지능의 활용 현황을 물었다. "인공지능을 활용한다"고 대답한 기업은 예정까지 포함해서 98퍼센트에 이르렀다. 인공지능이 기업 활동에 꾸준히 침투하고 있지만 한편으로 기업이 안고 있는 과제도 뚜렷이 떠올랐다.

다이너마이트로 뚫고 들어간 끝에 인공지능의 '눈'이 터널 표면을 빈틈없이 관찰하기 시작했다. 소요 시간은 2분. 지층과 갈라진 틈, 누수의 유무까지 포함해 지반의 안전성을 기계로 진단했다.

"이거라면 쓸 수 있다." 2018년 여름, 실증 실험을 몇 번이고 반복하던 건설회사 오바야시구미(도쿄 미나토구 소재)의 부장은 가슴을 쓸어내렸다. 풍화에 따른 지질 변화에서 인공지능의 정답률은 87퍼센트로 회사에도 세 명밖에 없는 전문 기술자와 어깨를 나란히 하게 되었다. 조만간 산악지대의 공사 현장에서 실용화에 나서겠지만 사실 여기까지 오는 데 2년이나 걸렸다.

장벽은 보관 데이터 형식의 차이이다. 진작에 2천 장이 넘는 공사 화상 자료를 바탕으로 지질을 진단하는 요령을 인공지능에 가르치려 했지만, 데이터 보존 형태가 엑셀, PDF 등 제각각이었다. 담당자가 사진과 자료를 스캔해서 하나씩 수치를 새로 입력하는, 생각만 해도 아득해지는 수작업이 필요했다.

인공지능 56퍼센트, 데이터 부족으로 고뇌

인공지능의 정밀도를 높이고 기대하는 만큼 움직이려면 방대한 데이터를 수집해서 그 의미를 익히게 하는 작업을 반드시 거쳐야 한다. 그러나 조사에서는 "데이터는 있지만 사용할 수 없다"라는 기업이 35퍼센트에 이르렀다. "수집하지 못했다", "어떤 데이터가 필요한지 모른다"라는 답을 합치면 전체 56퍼센트의 기업이 인공지능을 도입하는 데 어려움을 겪고 있었다.

그 배경에는 페이퍼리스paperless(기록 매체를 종이 문서에서 마이크로 필름이나 자기 매체로 바꾸어 종이가 없는 사무 환경을 조성하는 것 - 옮긴이) 화의 지연, 언어 등의 문제가 있다. 인공지능의 학습용으로 데이터를 가공하는 일은 자동화가 어렵고, 입력이나 형식의 통일 등 인해 전술에 의존하는 부분이 많다. 영어가 통하는 인도나 필리핀에 대량의 데이터 처리를 맡겨온 서구 기업과 비교해 일본 기업은 이런 '사전 공정'으로 골머리를 앓는다.

2018년 2월부터 '인공지능 택시'를 도입한 도쿄 무선택시. 인공지능으로 승객의 수와 지점을 예상한다. 정밀도는 95퍼센트로 높

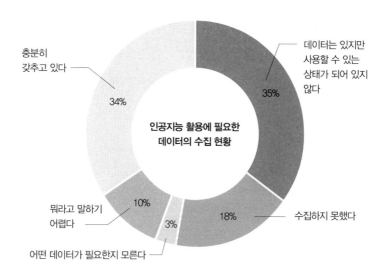

충분히
갖추고 있다

34%

인공지능 활용에 필요한
데이터의 수집 현황

데이터는 있지만
사용할 수 있는
상태가 되어 있지
않다

35%

뭐라고 말하기
어렵다

10%

3%

18%

수집하지 못했다

어떤 데이터가 필요한지 모른다

데이터는 있지만 사용할 수 없는 기업이 35퍼센트에 이른다

고 신참 기사는 매출이 하루 평균 3천 엔 늘었다. 개발한 NTT도코
모는 인공지능에게 데이터의 '가중치 평가'를 익히게 하느라 애를
먹었다.

휴대전화로 얻을 수 있는 사람의 분포, 차량의 운행 이력, 부근
시설 정보, 기상 데이터를 조합시킨다. 최저 1천 대의 데이터가 필
요하다고 보고 인공지능에게 가르쳤지만 몇 개월 동안은 예측 정
밀도가 생각만큼 나오지 않았다. 실제로 어느 요소를 중시하느냐
에 따라 몇십 대로도 충분히 정밀도를 올릴 수 있었다.

이번 조사에서는 기업의 약 60퍼센트가 제품이나 서비스의 혁신에 인공지능을 활용해나갈 거라고 답했다. '비용 절감(45퍼센트)', '인력 부족 보완(29퍼센트)'을 웃돌아 사업 강화를 위한 용도에서도 인공지능에 높은 기대를 하고 있다는 사실이 밝혀졌다.

때늦은 윤리 규정

하지만 인공지능이 잘 굴러가도 과제는 남는다. 73퍼센트의 기업이 "판단이 블랙박스화(인공지능의 심층학습 과정을 거쳐 나온 최종 출력물에 대하여 딥러닝 설계자도 어떻게 그런 판단이 나왔는지 설명하지 못하는 현상을 일컫는다 - 옮긴이)된다"라고 우려했다. 현재 주류인 인공지능 기술은 내부 움직임이 복잡해서 판단의 근거를 제시하기 어렵다. 경영의 어디까지를 근거를 설명하지 못하는 인공지능에게 맡길 것인지 고민하는 기업이 많다.

미쓰이스미토모파이낸셜그룹FG은 2017년 11월, 인공지능의 이용에 관한 독자적인 윤리 규정을 도입했다. "판단에 윤리적인 부적절함이 없도록 한다", "기본적인 인권 보호와 문화 다양성을 배려한다" 등을 제창하여 인공지능을 개발, 이용하는 직원이 철저히 숙지하도록 했다. 여신 판정 등에서 인공지능이 편향된 판단을 할 가능성을 상정하고 해외 문헌까지 참고하여 내실을 다졌다.

조사 시점에서 규정을 정했다고 답한 것은 미쓰이스미토모파이낸셜그룹 한 곳이었다. 2018년 9월에 소니도 독자적인 윤리 규정을 만들었지만, 구글이나 마이크로소프트 등 규정 도입이 잇따르고 있는 미국과 비교해 일본 기업의 대처는 때늦은 감이 두드러진다.

일본의 리서치 전문 회사 MM총연MM総研의 2017년 조사에 따르면 기업 경영진이 인공지능을 숙지하고 있는 비율은 미국이 50퍼센트, 독일이 30퍼센트인데 비하여 일본은 7퍼센트대에 머물렀다. 인공지능 활용이 당연시되는 데이터 경제에 대한 이해가 뒤따르지 않으면 국가와 기업의 경쟁력 차이로 이어질지도 모른다.

인공지능을 위한 학습 방법의 모색

98퍼센트의 일본 기업이 인공지능의 활용에 적극적인 자세를 보이는 한편 생각대로 움직이게 하기 위한 데이터를 학습시키는 데 시간이 걸리고 있다. 우리와 닛케이크로스테크의 공동 조사에서는 조사에 응답한 113개 기업 중 88퍼센트가 '인공지능 인재의 증강', 76퍼센트가 '데이터 수집 및 가공'을 향후 개선점으로 들었다. '움직이는 인공지능'을 길러내기 위한 기업들의 모색이 이어지고 있다.

"한숨 대신에 맥주."

"좋아하는 맥주는 언제나 일류."

검색창에 '맥주'를 쳤더니 순식간에 100개의 광고 카피가 화면에 나타났다. 광고회사 덴쓰가 개발한 인공지능 카피라이터 '아이코AICO'는 2017년 모습을 드러낸 이후 전략 기획자와 영업 담당자 등 300명에게 지혜를 빌려왔다.

개발은 시행착오의 연속이었다. 세상에 내보낸 카피를 이용해 학습시키면 저작권을 위반할 가능성이 있기 때문이었다. 덴쓰는 인력으로 이 장벽을 돌파했다. 신진 카피라이터 50명이 수만 개 단위의 카피를 새로 써서 학습시키고, 아이코가 내놓는 시안에 'OK'냐 'NG'냐를 철저히 가르쳤다.

조사에서는 인공지능을 활용한 기업이 산업 구조를 크게 바꾼다고 답한 곳이 60퍼센트에 이르렀다. 풀어야 할 과제가 있지만 이런 위기감 때문에 기업은 인공지능을 활용하기 위해 달릴 수밖에 없다.

화장품회사 카오는 헤어스타일의 유행을 인공지능으로 예측하여 스타일링 제품을 비롯한 다양한 제품의 개발과 판매 촉진에 활용하는 방식을 도입했다. 산하 연구소가 1988년부터 매년 보존해온 30만 장의 인물 사진에 착안하여 머리 길이와 색, 웨이브의 정도 등 유행 패턴을 학습시켰다.

"쇼트커트 유행이 돌아왔다." 개발한 인공지능은 소셜미디어 등의 정보를 자동 분석하여 실시간으로 유행을 예측한다. 거리에서 촬영한 사진을 2개월에 걸쳐 분석하던 업무를 대폭 단축할 수 있게 되었다. 판매 흐름의 변화가 심한 소비재 개발 현장이 바뀌고 있다.

아식스는 달리기 동영상을 인공지능으로 해석하여 자세 수정점과 훈련법을 가르치는 서비스를 2018년 2월에 시작했다. 이 회사의 이사는 "인공지능의 도입으로 스포츠 비즈니스는 지금의 연장

선에서 벗어나 크게 바뀌어나갈 것"이라고 내다보았다.

이번 조사에서는 기업에 이미 도입된 인공지능의 약 50퍼센트가 해외 제품이라는 사실도 밝혀졌다. 업체별로는 미국 IBM이 가장 많고, 구글과 NEC가 2위였다. "인공지능 기술의 핵심을 해외 기업이 쥐고 있어 일본의 산업 경쟁력이 떨어진다"라는 지적도 25퍼센트에 달했다.

인공지능은 기업의 조직과 기능도 바꾸고 있다. 인공지능의 도입으로 인원이 증감하는 업무가 무엇인지 묻자 총무, 인사, 경리는 30퍼센트의 기업이 '줄었다'고 답했다. 한편 제품 개발은 30퍼센트, 연구에서는 50퍼센트의 기업에서 고용이 '늘었다'고 했다. 데이터 인재의 보강이 필요하다고 답한 기업도 90퍼센트에 이르렀다.

---

* 조사에 응한 기업은 다음과 같다.

IHI(아이에이치아이)/아사히그룹홀딩스/아식스/아스테라스제약/이토추상사/ANA홀딩스/NEC/NTT도코모/MS&AD인슈어런스그룹홀딩스/오바야시구미/OKI/오무론/오릭스/온워드홀딩스/카오/카지마/가와사키공업/간사이전력/캐논/교세라/기린/쿠보타/고마쓰/산토리홀딩스/JR히가시니혼/JFE홀딩스/JCB/JTB/제이프론트리테일링/시오노기제약/시세이도/시미즈건설/샤프/상선미쓰이/쇼와덴코/신닛테쓰스미킨/스카이락홀딩스/스미토모화학/스미토모상사/세이코솔루션스/세이부홀딩스/세키스이화학공업/세키스이하우스/세콤/세븐&아이홀딩스/소니/SOMPO홀딩스/다이이치생명보험/다이킨공업/다이세이건설/다이닛폰인쇄/다이헤이요시멘트/다이와증권그룹본사/다이와하우스공업/다케다약품공업/주부전력/DIC/TDK/테이진/테루모/덴쓰/도쿄일렉트론/도쿄해상홀딩스/도쿄가스/도시바/도요엔지니어링/TOTO/돗판인쇄/도요타자동차/나고야철도/닛세이제분그룹본사/닛토덴코/닛파쓰/JAL/닛폰수산/닛폰세이코/닛폰제지/닛폰생명보험/일본담배산업/닛폰통운/니혼전산/닛폰유센/뉴오타니/노무라홀딩스/파나소닉/후지쓰/후지필름/브라더공업/브리지스톤/마쓰다/마루베니/미즈호파이낸셜그룹/미쓰이화학/미쓰이스미토모파이낸셜그룹/미쓰이물산/미쓰이부동산/미쓰코시이세탄홀딩스/미쓰비시케미컬홀딩스/미쓰비시지쇼/미쓰비시중공업/미쓰비시상사/미쓰비시식품/미쓰비시전기/미쓰비시머트리얼/미쓰비시UFJ파이낸셜그룹/무라타제작소/메이지홀딩스/야마토홀딩스/유니참/유니패밀리마트홀딩스/라쿠텐/로손/롬

인공지능

인간처럼 고도의 인식과 판단이 가능한 컴퓨터 시스템을 가리킨다. 1956년 미국에서 개최된 공동 학술 연구회인 다트머스 회의에서 처음으로 '인공지능AI, Artificial Intelligence'이라는 용어가 쓰인 뒤 관련 연구가 활발해졌다. 현재는 1950~60년대, 1980~90년대에 이어지는 '제3차 붐'이라 불린다.

인공지능 스스로 대량의 데이터에서 과제를 해결하는 법을 배우는 딥러닝(심층학습) 등의 기술혁신이 이루어지고 있다. 다만 도입 비용은 큰 데 비하여 기술의 변화로 금세 진부해지는 일도 많다. 그래서 구글이나 아마존 등 미국의 거대 정보기술 기업이 제공하는 서비스를 통해 기능별로 인공지능을 불러내 사용하는 기업도 늘고 있다. 자동으로 문장을 번역하거나 읽어 들인 사진으로 결함 상품이나 질병을 찾는 등 활용의 폭도 넓어지고 있다.

일본은 서구와 비교해 사무 처리 등 내용과 형식이 일정한 업무의 기계화가 늦어지고 있다고 한다. 인공지능을 활용해 생산성을 높일 여지는 크다. 2018년도 일본 경제재정백서는 인공지능의 도입으로 기업의 생산성이 16퍼센트 향상했다고 분석했다.

첨단 인재 양성을 위한 조건 ──────○

인공지능의 실용화에 탄력이 붙으려면 연구나 개발을 이끄는 '첨단 인재'가 꼭 있어야 한다. 그런 인재의 절반 가까이는 GAFA 같은 기업을 거느린 미국에 집중되었다는 사실이 캐나다의 인공지능 스타트업 '엘리먼트 AI Element AI'의 조사로 밝혀졌다.

인공지능은 데이터를 성장에 활용하는 데이터 경제의 핵심 기술이다. 최첨단 연구를 수행하는 계층이 허술하면 경쟁력이 떨어지기 마련이다.

미국, 중국, 영국이 주도

엘리먼트 AI가 2018년 한 해 동안 전 세계 21개 국제회의에 발표된 논문에서 저자의 수와 경력을 조사해 인공지능 첨단 인재의 분포를 산출했다. 조사에 따르면 세계적인 첨단 인재는 2만 2천 400명. 그중 약 절반이 미국(1만 295명)이고 이어서 중국(2525명)이 10퍼센트를 차지했다. 영국(1475명)이나 독일(935명), 캐나다(815명)가 그 뒤를 잇고, 일본은 850명으로 6위, 전체의 약 3.6퍼센트를 차지하는 데 그쳤다.

인재의 질도 과제이다. 조사에서는 일본 인재는 다양성이 부족하다는 점이 드러났다. 다른 나라와 비교했을 때 해외에서 전문 교육을 받은 글로벌 인재가 적다. 외국에서 공부한 후 자국 기업에서 일하는 비율은 17퍼센트로 주요 17개국 가운데 끝에서 두 번째이다. 여성의 비율은 가장 낮아서 세계 평균(18퍼센트)의 절반인 9퍼센트에 머물렀다.

인공지능은 다양한 구성원이 모여 개발하는 것이 중요하다. 연구자 사이에 인맥이 넓어져 최첨단 기술에 접촉할 기회가 늘고 공동 연구로 쉽게 이어진다. 거꾸로 같은 인종이나 성별로 팀을 짜서 만든 인공지능은 판단에 편향이 생기기 쉽다.

인공지능의 최첨단 연구에서는 데이터 분석의 효율 향상이나 분석의 편향을 없애는 기술, 판단 과정을 알기 쉽게 외부에 제시하는 수법 등에서 기술혁신이 이루어지고 있다. 대학과 기업의 공동 연구도 많아 각국 기업의 경쟁력 향상으로 직결된다.

이를테면 2018년 여름에 교토에서 열린 국제학회에서 최우수논문상을 받은 쓰쿠바대학의 아키모토 요헤이 교수는 인공지능의 판단 정밀도를 높이는 개발 작업의 자동화를 연구하고 있다. 인공지능의 개발 기간과 비용의 대폭 절감으로 이어지는 연구이다.

프랑스 국립연구소에 재적한 경험도 있는 아키모토 교수는 일본인 연구자가 적은 것을 염려한다. "국제학회에서 일본인의 발표 수가 적어 존재감이 떨어진다"라는 아키모토 교수. 한 가지 요인으로 교육 정책의 지체를 들 수 있다. "고도의 수학 지식과 견문에서 인공지능의 새로운 발견이 이루어지는 일이 점점 늘고 있다. 그런데 일본은 여러 분야에 걸친 연구 체제가 약하다"라고 아키모토 교수는 지적한다.

인공지능 인재가 많은 서구와 중국에서는 최근 몇 년 사이에 국책으로 과학 기술 분야를 종합적으로 아우르는 인재를 길러냈다. 미국은 10년 전부터 이과 교육 진흥책을 내세워 과학 기술 교원을 대폭 늘렸다. 중국도 차세대 인공지능 발전 계획을 2017년에 마련하여 인공지능 학부 신설안을 추진했다.

일본은 이학부나 공학부 같은 전통적인 학과 편성이 유지되어, 수학과 컴퓨터 기술 등 복수의 분야를 넘나들며 잘하는 인재를 육성하는 데 뒤처져 있다. 인공지능 관련 전문 학과를 둔 곳은 시가대학 등 소수이다. 일본 경제산업성과 문부과학성이 2019년 3월에 낸 보고서에는 "정부 정책을 담당하는 경제산업성이 수학의 중요성을 뒤늦게 깨달았다"라고 기록되어 있다.

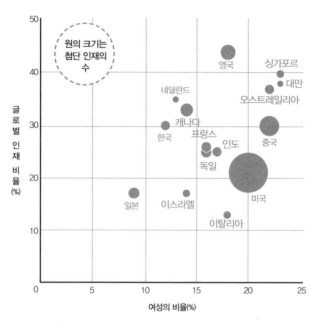

원의 크기는
첨단 인재의
수

글로벌 인재 비율 (%)

여성의 비율(%)

영국 싱가포르
네덜란드 대만
오스트레일리아
캐나다
한국 프랑스
인도 중국
독일
미국
일본 이스라엘
이탈리아

자료: 엘리먼트AI 「글로벌 인공지능 보고서 2019 *Global AI Report 2019*」

일본은 인공지능 첨단 인재의 수도 다양성도 세계 수준에 미치지 못한다

대우 개선이 열쇠

일본 정부도 반격을 꾀하고 있다. 2019년 3월에 연간 25만 명의 인공지능 인재를 육성하겠다는 목표를 내걸었다. 이과대생의 거의 전부와 문과 계열 일부에게 전문 지식을 배우게 한다는 구상이다.

기업은 해외에서 우수 인재를 모으는 것도 과제이다. 맥킨지 도쿄 사무소의 시니어 파트너는 "일본 기업도 급여를 많이 주면 세계의 인재를 채용할 수 있다. 사업에 크게 공헌할 기회를 주는 등 진취적으로 일할 수 있는 사내 환경을 갖추는 것도 열쇠이다"라고 지적한다.

일본은 미국, 유럽과 손잡고 국제적인 데이터 유통권을 구축하자고 부르짖고 있다. 하지만 데이터를 적확하게 분석하는 인공지능의 개발이 뒤처지면 충분히 성장할 수 없다. 교육 체제를 재검토하여 인공지능 연구의 핵심 인재를 육성하는 것이 급선무이다.

인공지능 인재

데이터를 해석하기 위한 수학 지식이나 프로그래밍 기술을 갖추고 인공지능을 개발하거나 비즈니스에 활용하는 사람을 가리킨다. 인공지능의 구조와 특성을 깊게 이해하여 산업 진흥책이나 지역 활성화에 어떻게 활용할지 기획할 수 있는 사람도 포함한다.

인공지능을 인력 부족을 극복하거나 생산성을 높이기 위한 수단으로 활용하려는 움직임이 세계 곳곳에서 나타나면서 인공지능에 특화된 인재가 부족하다는 문제가 주목을 받게 되었다. 미국의 정보기술 컨설팅회사 드라웁Draup은 비즈니스 현장에서 활약하는 인공지능 인재가 전 세계에 45만 명 있다고 추산한다. 그중 일본은 1만 8천 명으로 미국의 13만 명이나 중국의 7만 명보다 크게 적고, 인도나 프랑스에도 뒤처진다. 드라웁은 일본의 문제를 "활약할 자리가 도쿄 정보기술 기업에 집중되어 있다"라고 지적한다.

처우 개선도 과제이다. 영국에 거점을 둔 인재 알선 전문 기업 헤이스 Hays 에 따르면 데이터 분석 전문가인 '데이터 사이언티스트'의 최고 급여는 일본이 연 1천200만 엔으로 중국이나 싱가포르보다 낮다. 연공서열을 중시하고 배치 전환이 잦은 일본형 고용 환경에서는 우수한 인공지능 인재를 채용하기가 어렵다는 지적도 있다.

대학의 사이버 보안이 뚫렸다 ———○

"의견서 비교에 관한 정보를 공유합니다."

2018년 3월, 도쿄대학, 규슈공업대학 등에 재직 중인 교수 여러 명에게 일본 정부 산하 전문가 회의인 '종합해양정책본부' 사무국이 보낸 메일이 도착했다.

발송인의 이름은 사무국에 소속된 내각부 직원의 것이었다. 그런데 실제로는 그 직원인 척하는 위장 메일로 '표적형 공격'의 일환이었다. 메일에는 자료 파일이 첨부되어 있는데 그것을 열면 멀웨어malware(악성 소프트웨어)가 정보를 탈취하게끔 되어 있었다.

표적이 된 상아탑

교수들을 노린 것은 전문가 회의의 구성원이었기 때문으로 추정된다.

당시 전문가 회의에서는 국가의 해양 정책의 지침이 되는 '해양 기본 계획'을 마련하고 있었다. 자위대와 일본 경제단체연합회, 대형 중공업 업체 IHI 등의 관계자도 참여해 낙도 방어, 해양 자원 개발 등을 논의했는데, 적어도 교수 중 한 명이 파일을 열어 감염되었다. 중국의 해커 집단이 관여한 것으로 추정되며, 내부 정보를 가로채고 정부 중추를 공격하는 발판이 되었을 가능성이 있다.

왜 대학 관계자가 표적이 되었을까?

국가의 과학 기술 기본 계획에서는 산관학의 제휴를 중요하게 내세운다. 로켓이나 해양 개발, 원자력 등의 분야에서 기업과 공동 연구가 늘고 있다. 현실적으로 대학을 통해 국가와 기업의 정보를 도둑맞을 가능성이 있다.

일본 문부과학성도 국가의 안전보장에 영향을 줄 수 있다며 크게 위기감을 느끼고 있다. 미국의 대형 보안 업체 팰로앨토네트웍스Palo Alto Networks의 애널리스트는 "약한 곳으로 침입해 범위를 넓혀가는 것이 최근의 경향이다. 일본의 대학은 기업과 정부를 포함해 보았을 때 특히 보안이 취약하여 국가의 약점으로 볼 수 있다"라고 경고했다.

산관학 제휴의 약점

국립대는 국가 보조금이 사립대보다 많아 정보 공개 제도의 대상이다. 우리와 닛케이크로스테크는 2018년 9월, 일본 전역의 국립대 82개교를 대상으로 공동 조사를 실시해 60퍼센트인 48개교에서 회답을 받았다.

조사 결과, 국립대의 30퍼센트가 과거 3년간 사이버 공격에 의한 정보 유출, 업무 정지의 피해를 받았다는 사실이 밝혀졌다. 일본연금기구에서 대량으로 개인정보가 유출된 2015년 이후 부정 접속 등 사이버 공격을 당한 대학은 87퍼센트에 이르고, 그중 34퍼센트가 정보 유출 등 실질적인 피해가 있었다고 답했다.

특징적인 것은 20퍼센트 남짓한 대학이 특정 인물을 노리는 표적형 공격을 받았다는 점이다.

펠로앨토네트웍스에 따르면 2017년 세계 곳곳의 교육 현장에서 검출된 신종 멀웨어는 약 1천200만 건으로 정보기술 업계에 이어 2위였다. 2018년 2월에 일어난 대규모 표적형 공격에서는 전체의 15퍼센트가 일본 대학을 겨냥했다.

실제로 국립대의 사이버 공격 피해는 끊이지 않는다. 2018년 6월에는 히로사키대학, 시마네대학에서 정보가 유출된 것으로 판명되었다. 그해 7월에는 오사카대학 기초공학부의 홈페이지가 일시 정지되었다. 운용을 위탁한 기업의 서버에 누군가가 침입해 사이트를 조작했기 때문이다. 오사카대학은 바로 전해인 2017년에 최대 8만 명의 개인정보가 유출되는 사고도 있었다. 학내 대책은 나아졌지만 외부 위탁 기관의 취약성은 확인하지 않았다고 한다.

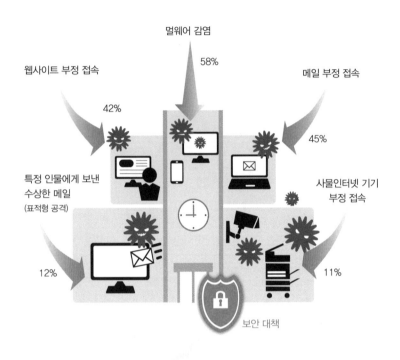

멀웨어 감염
58%

웹사이트 부정 접속
42%

메일 부정 접속
45%

특정 인물에게 보낸
수상한 메일
(표적형 공격)

사물인터넷 기기
부정 접속

12%

11%

보안 대책

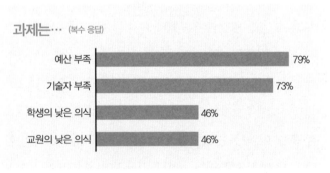

과제는… (복수 응답)

예산 부족	79%
기술자 부족	73%
학생의 낮은 의식	46%
교원의 낮은 의식	46%

자료: 니혼게이자이신문, 닛케이BP 설문 조사

많은 국립대가 사이버 공격 방어에 고심하고 있다

기업 연구도 표적

이토추상사의 수석 사이버 보안 분석관에 따르면 2016년에 유행한 부정 송금 멀웨어의 감염률은 국립대가 40퍼센트로 조직·법인 부문에서 특히 두드러졌다. 주식회사의 감염률 0.1퍼센트의 400배에 가까운 비율이다. 기업과의 공동 연구와 교류도 데이터를 대량으로 주고받는 네트워크형 제휴가 늘고 있다.

기업이 대책을 강화해도 방어가 허술한 대학에서 정보가 유출될 우려가 높다. 문부과학성이 경계하는 것도 2016년 도야마대학에서 일어난 것과 같은 사례이다. 수소동위체 과학연구센터를 겨냥한 공격으로 원전의 오염수 처리에 관한 연구 자료가 유출되었다. 이 학교는 기업과 핵융합과학연구소 등 연구기관과도 제휴를 맺고 있어 유출된 자료에는 외부 연구자의 개인정보와 연구 성과도 포함되어 있다.

사태를 심각하게 받아들인 일본 정부도 대학의 사이버 공격 방어 대책 마련을 서두르고 있다. 정부가 2018년 7월에 결정한 3개년 사이버 보안 전략의 중점 항목에는 교통, 통신사업자 같은 중점 인프라의 대책과 나란히 '대학의 보안 대책'이 더해졌다. 2015년 일본연금기구에서 125만 명의 개인정보가 유출된 사건을 계기로 문부과학성도 국립대의 네트워크를 감시하는 대처에 들어갔고 각 학교에도 대책 강화를 요구해왔다. 하지만 구체적인 대책은 각 학교에 맡겨져 있는 것이 현실이다.

사이버 공격 방어 대책의 예산, 인력 확보에 고심

표면적으로는 대학의 대책도 나아진 것처럼 보인다. 보안 사고에 즉각적으로 대응하는 전문 조직을 설치하는 국립대가 늘었다. 우리가 각 대학에 즉각 대응 조직을 설치한 시기를 물어보니 2015년부터 3년에 걸쳐 신설이 잇따랐다. 응답한 48개교 중 47개교에서는 체제가 정비되었다고 한다.

다만 전문 조직이 있어도 필요한 인재와 설비 예산을 확보하지 못한 국립대가 많다.

보안 대책상 해결해야 할 과제를 복수 응답으로 물어보니 1위는 '예산 부족'으로 79퍼센트, 2위는 '기술자 부족'으로 73퍼센트였다. 문부과학성은 "경영진이 대책의 중요성을 이해하지 못한 것도 대책 마련이 늦어지는 요인의 하나"라고 지적한다. 그래도 조사에서 "경영진의 보안 의식이 낮다"라고 응답한 국립대는 고작 4퍼센트에 머물렀다. 이에 대해 경영진의 눈치를 보고 있는 게 아니냐고 문부과학성은 의심한다.

조사에서는 10퍼센트 남짓한 국립대가 공격을 받지 않았다고 답했다. 그러나 문부과학성은 "전혀 공격을 받지 않았다고 생각하기는 어렵다. 대학이 알아차리지 못한 피해가 있을지도 모른다"라며 경계한다.

다량의 기술 정보가 오가는 데이터 경제의 확대와 더불어 사이버 공격의 위협도 높아지고 있다. 피해가 끊이지 않는 실태에서 대학 경영진의 낮은 위기의식도 엿보인다.

2018년도 보안 예산을 전년도와 비교했을 때, 응답한 46개교 가운데 3분의 2에 해당하는 30개교가 그대로이고, 7개교는 평균 4.8퍼센트가 삭감되었다. 국립대가 받는 운영비 교부금은 2018년도에 1조 900억 엔으로 2004년도와 비교해 12퍼센트 줄었다. 학내에서도 예산 쟁탈전이 격렬하다. 43개 부서를 거느린 도쿄대의 담당자는 "전통적으로 학부별 권한이 강하고 전체 학교를 대상으로 일률적으로 대책을 조정하기는 시간이 걸려 어렵다"라고 밝혔다.

'교원의 의식 부족'을 과제로 생각하는 대학도 반수에 가깝다. 정보보안회사 시큐어웍스SecureWorks 일본 법인의 수석 보안 어드바이저는 "학문의 독립을 존중한 나머지 보안 대책을 철저하게 세우지 못한다는 대학 특유의 과제도 있다"라고 지적한다.

도쿄의 국립대에서는 교원이 제멋대로 외부 서버와 계약을 맺거나 새로운 기기를 들이고도 보고하지 않아서 관리에 애를 먹고 있다. 담당자는 "학문의 자유를 방패로 교원은 관리받는 것을 싫어한다. 취약한 외부 서버를 이용하지 말라고 요청해도 좀처럼 따라주지 않는다. 강제할 수도 없고, 연구가 진행되지 않기라도 하면 본전도 못 찾는다"라며 푸념한다.

사람의 높은 유동성도 장벽이다. 도쿄공업대학의 즉각 대응 조직은 많으면 한 달에 십수 회, 학생이 쓰는 컴퓨터에서 부정한 파일 교환을 찾아내 인터넷을 제한한다. 대학은 매년 대량의 신입생과 유학생을 맞아들이는 등 사람의 드나듦이 매우 잦다. 책임자는 모든 관계자에게 대책을 철저히 주지하기가 어렵다며 골머리를 앓고 있다.

---

* 조사에 응답한 대학은 다음과 같다.

홋카이도대학/홋카이도교육대학/오타루상과대학/오비히로축산대학/기타미공업대학/히로사키대학/미야기교육대학/아키타대학/야마가타대학/후쿠시마대학/이바라키대학/쓰쿠바대학/쓰쿠바기술대학/우쓰노미야대학/군마대학/지바대학/도쿄대학/도쿄외국어대학/도쿄공업대학/도쿄해양대학/오차노미즈여자대학/히토쓰바시대학/요코하마국립대학/나가사키기술과학대학/조에쓰교육대학/도야마대학/가나자와대학/야마나시대학/아이치교육대학/나고야공업대학/시가대학/교토교육대학/오사카대학/오사카교육대학/효고교육대학/와카야마대학/시마네대학/히로시마대학/야마구치대학/도쿠시마대학/에히메대학/고치대학/규슈공업대학/구마모토대학/오이타대학/미야자키대학/가고시마대학/가노야체육대학

표적형 사이버 공격

특정 인물에게 메일을 보내 바이러스가 첨부된 파일이나 링크를 열게 해서 상대의 컴퓨터를 탈취하는 수법을 말한다. 공격자는 그것을 통해 주변 네트워크에 침입하여 정보를 빼돌리거나 컴퓨터를 파괴한다. 일본 경시청이 2017년에 파악한 표적형 공격은 6천27건으로 전년 대비 1.5배 증가하여 최다를 기록했다.

겨냥한 상대의 업무 내용이나 인맥을 주도면밀하게 조사해서 거래처 등으로 위장한 교묘한 메일로 집요하게 공격한다. 이런 메일은 불특정 다수에게 같은 내용의 메일을 다량으로 보내는 종래의 살포형 스팸메일과 비교해 방어하기 어렵다. 빼돌린 개인정보를 암시장에 팔아 돈을 벌기 위해서뿐 아니라 국가 수준의 첩보 활동의 일환으로 나타나기도 한다.

2015년에는 일본연금기구가 공격을 받아 기초연금번호, 이름, 생년월일 등 125만 명의 정보가 유출되었다. 일본 최대 여행사 JTB에서는 2016년 거래하는 항공사로 위장한 표적형 메일에 의해 여권 정보를 포함하여 약 679만 명의 고객 정보가 유출되었다.

자동차도 데이터로 달린다 _____。

다량의 정보를 경쟁력으로 바꾸는 데이터 경제의 도래는 하드웨어를 중시해온 일본 자동차회사를 벼랑으로 몰기 시작했다. 자동차의 자율 주행에 관한 특허 경쟁력에서 미국 구글은 이미 도요타자동차 등 글로벌 기업을 역전해 수위를 달리고 있다.

우리는 특허 분석 전문 회사 패턴트리절트Patent Result(도쿄 분쿄구소재)에 의뢰해 2018년 7월 말 시점에서 미국에서의 자율 주행 특허 경쟁력 순위를 조사했다. 그 결과를 보면 1위는 구글의 형제 회사 웨이모Waymo로 종합 점수는 2815점이었다. 비교 가능한 2016년 조사에서는 도요타자동차, 제너럴모터스, 닛산자동차, 포르셰에 이어 5위였다.

웨이모는 점수를 3배 가까이 높이며 급부상했다.

자율 주행 차량의 특허 경쟁력

상위 10위를 보면 일본 기업으로는 도요타, 닛산, 혼다, 덴소의 네 회사가 들어갔다. 다만 네 회사 모두 2016년부터 순위가 내려가 특허 경쟁력은 제자리걸음을 치고 있다.

이번 조사에서는 미국에서 지금까지 출원된 관련 특허마다 '권리화를 위한 의욕', '경쟁사 주목도', '심사관의 인지도'의 세 항목을 수치화하여 기업별로 종합 점수를 산출했다. 그 특허를 국제 출원하면 권리화를 위한 의욕이 강하고, 경쟁 기업으로부터 무효 심판 제기 등이 많으면 주목도가 높다고 판단된다.

점수에 크게 영향을 주는 것이 국제기관이 정리한 첨단기술 특허 보고서인 「국제조사보고서International Search Report」에서의 인용 횟수이다. 웨이모는 누계 769회로 도요타의 1.6배, 제너럴모터스의 2.3배에 이른다. 각국 심사관이 인가 지침으로 삼고 인용을 많이 할수록 타사는 유사 특허를 취득하기 어려워진다. 웨이모의 유효 특허 건수는 318건으로 도요타의 절반 이하지만 그 다수는 심사관에게 널리 알려져 첨단기술로서 인정받고 있다.

웨이모 약진의 결정타는 자율 주행 차량의 '두뇌'를 맡은 인공지능 기술이다. 자동차는 데이터를 해석하면서 달리는 제품으로 변모하고 있다. 사람을 대신해 지도와 위치 정보로 차량과 사람의 움직임, 교통 상황 등을 식별하고 판단해서 핸들과 브레이크를 자동으로 제어한다. 이런 자율 주행의 핵심 기술로 웨이모는 종합 점수의 50퍼센트에 해당하는 1385점을 획득했다. 같은 기술로 204점에 머문 종합 2위의 도요타를 크게 제쳤다.

웨이모는 최근에도 승차 공유 차량이 직접 이용객의 승차를 판단하거나 자전거의 움직임을 예측해 자동차가 안전하게 주행할 수 있도록 하는 새로운 특허를 잇달아 취득했다.

많은 기술에 인공지능을 활용하고, 정밀도를 높이기 위한 데이터 수집에서도 타사를 압도한다. 2017년에는 미국 캘리포니아주 공공도로에서 56만 킬로미터, 지구 열네 바퀴에 해당하는 거리를 주행하는 실험을 마쳤다. 일본 기업 가운데 공공도로 실험에 적극적인 닛산조차 8천 킬로미터로 그 차이가 어마어마하다.

일본 기업이 특허 경쟁력에서 침체를 보이는 배경에는 '하드웨어 중심주의'가 자리한다.

2016년 시점에서 1위였던 도요타는 유효 특허 건수에서 단연 수위를 지킨다. 하지만 다수는 자동 브레이크나 전후 차량의 거리 유지 같은 기본적인 운전 지원 기술에 머무른다. 지금까지는 복잡한 움직임이 필요하지 않고, 차량 제어도 간단한 프로그램으로 대응할 수 있었으므로 오히려 센서나 카메라, 제어 기기의 성능 향상과 조합 기술에 역점을 두었기 때문이다.

일본 특허청이 2018년 5월에 공표한 조사에서는 세계에서 출원된 자율 주행 관련 특허 수는 일본 기업이 45퍼센트로 가장 많았다. 하지만 내용을 살펴보면 5단계로 나타내는 자율 주행 기술 기

구글의 특허 경쟁력은 도요타와 제너럴모터스를 웃돌았다

순위	기업명	특허 경쟁력(점)	유효 특허 건수(건)
1(5)	웨이모(구글, 미국)	2815	318
2(1)	도요타자동차(일본)	2243	682
3(2)	제너럴모터스(미국)	1811	331
4(9)	포드모터컴퍼니(미국)	1686	484
5(3)	닛산자동차(일본)	1215	199
6(4)	포르셰(독일)	1110	277
7(8)	마그나인터내셔널(캐나다)	756	86
8(7)	덴소(일본)	656	232
9(6)	혼다(일본)	648	257
10(44)	히어(유럽)	354	170

※ 패턴트리절트의 조사에 바탕하여 닛케이에서 작성. 특허 경쟁력은 '권리화를 위한 의욕', '경쟁사의 무효 심판 제기 유무', '심사관의 인지도' 등을 수치화함. 순위는 2018년 7월 말 시점이며 괄호 안 순위는 2016년 7월

준 중에서 가장 낮은 '레벨 1'이 태반이고, 전체의 60퍼센트가 부분적인 자율 주행에 머무르는 '레벨 2' 이하였다. 한편 미국 기업은 출원의 과반수가 '레벨 3' 이상에 집중되어 업계 표준이 되는 핵심 기술을 앞질러 확보하려는 움직임이 뚜렷하다.

미국 보스턴컨설팅그룹에 따르면 2035년에는 세계 신차 판매량의 4분의 1이 운전자가 원칙적으로 필요 없는 '레벨 4' 이상의 자율 주행 차량이 차지한다. 방대한 지도 정보로 교통정체, 실제 주

행 상황까지 순식간에 해석하는 '데이터 머신'으로 차가 바뀌고 있
지만, 일본의 자동차회사들은 그에 대응하지 못하고 있다.

새로운 위협도 나타나고 있다. 중국에서 가장 큰 인터넷 검색 엔
진이자 포털사이트인 바이두는 2018년 7월, 인공지능으로 갑자기
접근하는 후방 차량을 감지해 상대에게 알리는 특허 정보를 일본
에서 공개했다. 중국에서는 당국과도 제휴해서 데이터를 수집하고
있다. 이번 조사에서는 114위에 그쳤지만, 미국에서도 일본 기업
을 웃도는 대량의 특허 출원에 나서고 있다.

일본 기업도 반격을 서두르고 있다. 덴소 등 도요타 계열의 부품
회사 네 곳은 2019년에 자율 주행 기술을 개발하는 새 회사를 설
립한다. 당분간은 부품 개발을 주력으로 삼는다는 계획이다.

각 기업의 경쟁 초점은 연비 향상, 생산 효율에서 데이터 활용
으로 옮겨가고 있다. 인공지능과 관련하여 "일본 자동차회사들은
중요성을 늦게 깨달은 만큼 개발이 뒤처졌다"는 지적이 나오는 것
이 지금 일본 업계의 현실이다(자율 주행 특허에 정통한 고노 히데토 변
리사).

웨이모, 우버, 카네기멜런대학이 부상

자동차의 자율 주행 분야에서 특허 경쟁력이 높은 세계 상위 50개
사 가운데 일본 기업은 15개사가 포함되어 있다. 기업 수의 국가별
순위에서는 17개사인 미국과 어깨를 나란히 해 어느 정도 존재감

을 보였다. 그러나 완성차의 생산을 전문으로 하는 업체와 그 그룹 회사가 많고, 미국 기업과 비교해 업종의 다양성이 떨어진다.

미국은 1위인 웨이모 외에 승차 공유 서비스 업계의 큰손 우버가 26위, 인공지능의 최첨단 연구가 이루어지고 있는 카네기멜런 대학이 34위로 각기 다른 분야의 참여가 두드러졌다.

한편 자율 주행 분야 기술 개발에 힘을 쏟고 있는 중국 기업은 제로였다. 최근에 이르러 특허의 대량 출원을 서두르는 기업이 많아서 종합 점수에 영향을 주는 '무효 심판의 제기 건수'나 '첨단 특허 보고서의 인용 건수' 등이 비교적 적었기 때문으로 보인다. 다만 상위 50위에는 들지 못했지만 90위에 중국 최대의 승차 공유 서비스 업체 디디추싱, 114위에 최대 검색 엔진 기업 바이두가 들어가 향후 급부상이 예상된다.

상위 50개사의 나라별 종합 점수 합계는 미국이 8천125점으로 일본의 6천471점을 웃돌았다. 유효 특허 건수는 미국이 1천529건으로 일본의 1천800건보다 적어 고도의 기술에 더 집중해 특허 경쟁력을 높이는 전략을 취하고 있음이 드러났다.

경위서부터 대출 서류까지
온갖 정보가 구글에

플랫폼 사업자라고 불리는 정보기술 거인들은 편리한 무료 서비스를 제공하는 대신 개인정보를 모아 이익으로 바꾼다. 각 회사는 실제로 어떤 정보를 쥐고 있을까. 한 기자가 '데이터 반출 절차'로 확인해보았다.

영화 아홉 편 분량의 개인정보

먼저 시도해본 것은 구글이다. 기자는 사적 용도로 지메일을 사용하고, 휴대전화도 구글의 기본 운영체제 안드로이드가 깔린 스마트폰이다. 틀림없이 많은 개인정보를 구글이 쥐고 있을 것이다.

구글로 '데이터 다운로드'를 검색했더니 '내 데이터 다운로드'라는 페이지가 나왔다. 구글이 제공하는 47개 서비스에서 자신이 사용한 관련 데이터를 가지고 나갈 수 있다고 한다. '내보내기 생성' 버튼을 누르면 준비가 되는 대로 메일로 통지가 오는 구조이다. 버튼을 누르고 몇 시간 후 준비가 끝났다.

인터넷에서 자기 컴퓨터로 데이터를 이동시킨다. 기자의 개인정보는 용량 10.8기가바이트로 인터넷으로 전송되는 영화 콘텐츠 아홉 편 분량과 맞먹는다. 사진이나 동영상이 큰 용량을 차지한다고 한다. 항목별로 정리된 폴더에 검색 이력과 유튜브 시청 이력, 사진과 메일 등 온갖 기록이 줄지어 있다. 언제 어떤 말을 검색했는지 일시가 초 단위로 기록되어 있어 부끄러웠다.

집 설계도부터 경위서까지

섬뜩했던 것은 '드라이브'라는 폴더를 열었을 때이다. 집 설계도, 금액까지 적힌 주택담보대출계약서, 2년 전 해외 출장에 사용한 전자 항공권 등 평소 남에게 보여주지 않을 만한 문서가 줄줄 나왔다. 과거에 제출한 경위서의 초안마저 있었다.

하나같이 '구글 드라이브'라는 서비스에 보존되어 있던 문서였다. 인터넷을 통한 스토리지(외부 기억 장치)를 제공하는 이른바 '클라우드 스토리지cloud storage'라는 서비스이다. 언제 어디서든 열람할 수 있고 가족 등과 파일을 간편하게 공유할 수 있어서 기자도 즐겨 쓴다.

중요한 문서라면 잘못 보낼 위험이 있는 메일 첨부보다 특정 상대에게만 열람을 한정할 수 있는 파일 공유 쪽이 안심된다고 생각했다. 대신 정보는 구글의 손아귀에 넘어갔다. 생각해보면 당연하지만 전혀 의식하지 못했다. 자신이 얼마나 무방비였는지 입이 떡 벌어질 지경이었다.

지웠다고 생각한 사진도 하나둘씩 보였다. 스마트폰으로 촬영한 사진은 가족이나 친구에게 메일에 첨부해 보내거나 인터넷상 공유 폴더에 넣어놓았다. 스마트폰에서만 삭제해도 어딘가 다른 장소에 계속 남아 있을 가능성이 있다는 이야기이다.

덧붙여 '데이터 내보내기'라고 되어 있지만 내보낸다고 구글 서버에서 지워지는 것은 아니다. 구글은 "데이터를 다운로드해도 구글 서버에서 데이터가 삭제되지 않는다"라고 주석을 달아놓았다. 완전히 삭제하려면 새로운 작업이 필요하다.

당혹스러운 옛 주소록

페이스북에서도 데이터를 가져왔다. 기자는 2011년부터 페이스북을 이용하고 있다. 친구나 가족과의 소통 도구로서 요긴하게 쓰는 서비스이다. 페이스북에도 인터넷으로 자신의 데이터를 다운로드할 수 있는 시스템이 있다.

페이스북에 있는 기자의 개인정보 용량은 166메가바이트였다. 사진이나 동영상을 그다지 자주 올리지 않기 때문에 구글과 비교해 용량도 작은 모양이다. 다만 올린 이력이나 과거에 주고받은 메시지 등 항목별 폴더는 너무나 상세하게 정리되어 있어 당혹스러울 지경이었다.

그중에서도 특히 놀란 것이 주소록을 확인했을 때이다. 현재 쓰고 있는 스마트폰에서 삭제한 지인의 이름과 연락처가 섞여 있었다. 그러고 보니 과거에 몇 번인가 스마트폰에 저장한 연락처를 페이스북에 연동시킨 기억이 떠올랐다.

페이스북을 사용한 지 7년이 넘었는데, 그동안 스마트폰은 몇 번이나 기종을 변경했다. 도중에 사이가 멀어져 연락처를 삭제한 지인도 있다. 하지만 페이스북의 주소록은 평소 자주 살펴보지 않아 갱신도 하지 않았다. 과거 교우관계를 되돌아보는 듯해서 그리움과 어색함을 곱씹는 시간이었다.

'당신의 정보를 포함한 연락처 목록을 업로드한 광고주'라는 기록도 있었다. 말하자면 기자의 메일 주소 등을 파악하고 있는 기업의 리스트이다. 온라인 쇼핑회사나 항공사, 숙박 예약 사이트 등 35개사의 이름이 줄지어 있었는데, 살아본 적도 없는 후쿠오카시의 아파트 판매회사의 이름도 있었다.

어디서 연락처를 손에 넣었을까. 이상하다는 생각이 들었다. 직접 등록한 것을 깡그리 잊었을 뿐일까. 혹은 이 회사가 데이터 판매업자를 통해 입수한 것일까. 확인할 길이 없다.

비공개 정보가 있을 가능성

기업 간 데이터 거래 전문가인 데이터사인 사장은 "이용자가 데이터를 가져옴으로써 밝혀진 것 외에도 거대 정보기술 기업은 개인에 관한 정보를 가지고 있을 가능성이 높다"라고 말한다. 이를테면 페이스북은 이용자의 연봉이나 자산에 관한 정보를 데이터 판매업자로부터 입수해 광고 대상자를 추리는 기능에 이용했다.

개인정보의 부정 유출 문제가 드러난 이후 페이스북은 이런 업자와의 거래를 그만둔다는 방침을 밝혔지만, 기자가 데이터 반출을 시도한 2018년 7월 시점에서는 아직 '연봉 1천만 엔 이상의 사람' 등의 조건으로 광고 전송 대상자를 줄일 수 있었다. 페이스북이 기자의 연봉과 자산 정보를 가지고 있고, 그 정보를 바탕으로 광고 전송 대상자로 선정한 것일 수도 있다. 하지만 자신이 연봉 등의 항목에서 어떻게 분류되는지는 공개 대상이 아니다.

거대 정보기술 기업 이외의 일반 기업도 개인정보를 모아서 마케팅 같은 분야에 활용한다. 평소에 즐겨 마시는 맥주를 생산하는 대형 음료 업체 기린 측에도 개인정보 공개를 요청해보았다. 인터넷으로 개인정보를 모아 파는 대형 데이터 판매회사의 홈페이지에서 기린을 고객의 하나로 올린 것을 보았기 때문이다.

일반 기업의 번잡한 절차

그러나 공개는 난항이었다. 절차는 오직 우편으로만 이루어진다. 일단 기린 측으로부터 '개인정보 공개 청구서'를 받아서 필요한 내용을 적어 반송한다. 그리고 나서 회신을 기다리는 구조이다.

청구서를 보낼 때는 본인 확인을 위한 주민등록표와 우편 수수료 등의 용도로 822엔의 우표도 동봉해야 한다. 자신의 정보가 없었을 경우에도 수수료는 반환되지 않는다고 한다. 기자가 사는 동네에서는 주민등록표 사본의 교부 수수료가 300엔. 데이터의 유무를 확인하기만 해도 합계 1천100엔 이상이 드는 셈이다. 제법 성가신 일이다.

2018년 7월 10일에 창구에 전화로 문의하고 12월에 담당자에게서 연락을 받았다. '개인정보 공개 청구서'가 도착한 것은 거기서 또 며칠 후. 이번에는 내용이 놀라웠다. '공개하는 정보를 특정하기 위해서'라며 예전의 웹 홍보 사이트에 등록한 이름과 시기, 대상 상품, 온라인으로 구입한 상품과 시기 등을 "반드시 적어주세요"라고 적혀 있었다.

그런 것을 기억할 만한 사람이라면 공개를 청구할 필요가 없지 않을까. 불만 속에 "과거 구입 기록 등은 분명하지 않지만 귀사가 보유하고 있는 제 개인정보의 공개를 요구합니다"라고 썼다. 예상보다 훨씬 품이 들었다.

답신이 온 것은 일련의 서류를 보내고 나서 약 2주가 지난 다음이었다. "귀

하의 개인정보는 보유하고 있지 않습니다"라는 무뚝뚝한 내용이었다. 온라인

으로 구입한 것도 있는데 정말로 데이터가 없을까. 다소 의외라는 생각이 들

었다. 하지만 그 답을 믿을 수밖에 없었다.

우리의 미래를 위해 생각해야 할 것들

민주주의의 향기가 감돌던 다이쇼 시대(1912~1926), 동양 제일이라 일컫는 대형 오피스빌딩이 도쿄역 앞에 문을 열었다. 바로 마루노우치 빌딩이다.

마루노우치 빌딩은 1923년(다이쇼 12년)에 완성되자마자 근대 일본의 비즈니스 거리를 상징하는 건축물이 되었다. 건축주인 미쓰비시합자회사는 참신한 콘셉트와 최신 건축 기술을 도입했다. 저층에는 누구나 들어갈 수 있는 쇼핑몰을 만들고, 엘리베이터도 여러 대 설치했다.

당시는 나막신과 짚신을 신은 사람들이 거리를 활보하던 시대였다. 입점한 사람들을 위해 「안전제일 빌딩 독본」이라는 책자가 만들어졌다. 말하자면 마루노우치 빌딩 매뉴얼로 하지 말아야 할 행동을 정리한 책자이다. 독본에는 지금은 우스꽝스럽게 여길 만한 규칙이 나열되어 있었다.

"입구 근처에 멈춰서 있지 말 것."(현관 편)

"타기 전에 그 승강기가 몇 층으로 가는지, 올라가는지 내려가는지 잘 확인해서 탈 것."(승강기 편)

"손과 얼굴 외에는 일절 씻지 말 것."(화장실 편)

독본의 한 문장 한 문장을 다시 읽어보니 한 세기 전, 최첨단 오피스빌딩을 눈앞에 두고 당혹스러워하는 사람들의 모습이 떠올랐다.

그런데 미쓰비시합자회사의 흐름을 이어받은 부동산회사 미쓰비시지소의 기록에 따르면 사람들 사이에는 체험하지 못한 세계에 대한 호기심과 동경도 있었다. 하이쿠 잡지《호토토기스不如歸》의 발행처는 마루노우치 빌딩이 처음 문을 열었을 때 입점한 곳이었다. 당시《호토토기스》를 담당하던 작가 다카하마 교시高浜虚子는 옥상에 나가 보고 그 감회를 수필로 남겼다.

"네모난 담장 위에서 오가는 사람들을 내려다보니 우왕좌왕 걷고 있는 사람은 개미처럼 작아 보이고, 그 사이를 전차와 자동차가 장난감처럼 달리고 있었다."

마치 마천루에서 내려다보는 풍경을 즐기는 듯 보이지 않은가. 벅차오르는 교시의 기분 그리고 진취적인 시대의 숨결이 고스란히 느껴진다.

변혁의 에너지

인간은 미지의 테크놀로지와 그 혁신성을 접하면 불안이나 곤혹을 느끼기도 한다. 물론 기대와 희망을 품기도 한다. 그런 사람들의 반응은 동서양이 다르지 않다. 테크놀로지의 진보는 언제 어디서나 사회에 변혁의 에너지를 가져다주기 때문이다.

태평양 맞은편에 있는 미국에서는 같은 시기에 더 큰 변혁의 파도가 사람들의 생활에 밀어닥치고 있었다. 바로 모터리제이션 motorization(자동차가 사회와 대중에 광범위하게 보급된 현상 – 옮긴이)이다.

'자동차 왕' 헨리 포드에 의해 첨단 테크놀로지의 정수인 자동차의 대량생산 시스템이 확립되고 미국에 자동차회사가 나타났다. 탈 것이 마차에서 자동차로 바뀌면서 물자를 운반하는 속도가 빨라지고 사람의 이동이 잦아졌다. 교외에서 생활하는 사람들의 생활은 편리해지고 도심에서 떨어진 곳에 주택가가 잇달아 조성되었다.

자동차회사를 정점으로 하는 제조업이 발달하자 미국에 부유한 중산층이 자라났다. 누구나 자동차를 탈 수 있게 되면서 차는 통근, 쇼핑 같은 일상생활, 가족의 여가 활동, 젊은이의 데이트에 필수품이 되었다.

미국의 산업사를 살펴보면 20세기는 제너럴모터스, 포드자동차 등 거대 자동차 업체가 세계를 대표하는 빅 비즈니스로 군림하던 시대이다. 미국이라는 국가 자체는 군사력과 기술력, 경제력을 갖추고 초강대국의 자리를 다져나갔다. 새로운 테크놀로지의 등장이야말로 사람들의 라이프스타일에 변화를 가져오고 기업 경쟁력을 좌우한다. 그리고 사회의 모습과 국력까지 결정짓는다.

한편 모터리제이션이 진행됨에 따라 문제점도 나타났다. 바로 교통사고의 급증이다. 세계 각국은 사고를 방지하기 위해 교통 규칙 등을 정비해왔다. 그런데도 우리는 지금도 교통사고라는 비극을 완전히 제거하지는 못했다.

참신한 테크놀로지는 낡은 상식을 고쳐 쓰게 하는 힘을 숨기고 있다. 그러나 그 힘이 때로 파괴적이라 할 만큼 거칠고 난폭한 면이 있다는 점도 부인할 수 없다. 인류는 첨단 기술의 보급에 뒤따르는 폐해와 마주하면서 생활을 더 편리하게, 더 풍요롭게 하려고 지혜를 짜내왔다. 테크놀로지에 의한 변혁의 힘과 영향을 조절하려 했다.

21세기의 우리도 같은 고민에 직면했다. 주변의 다양한 정보가 '0'과 '1'의 조합인 디지털 데이터가 되어 지금은 비즈니스와 일상생활에서 필수적인 것이 되었다. 즉 디지털라이제이션digitaliza-tion(디지털 기술을 이용하여 사업 모델을 변환함으로써 새로운 이익과 가치를 낳을 기회를 가져오는 것 – 옮긴이)을 계기로 개인과 기업의 데이터가 사회와 경제에 큰 변혁을 일으키고 있다.

'데이터의 세기'가 시작된 것이다.

인터넷×베를린 장벽 붕괴

현재 인터넷의 월드와이드웹에 연결되는 기술이 탄생한 것은 약

30년 전인 1989년이다. 베를린 장벽이 무너진 해이기도 하다.

인터넷의 폭발적인 보급을 재촉한 테크놀로지의 발달. 전 세계의 사람, 물자, 돈의 움직임을 연동시키는 글로벌라이제이션globali-zation(세계화)의 확장. 이 두 가지가 공명해 지구는 단숨에 작아져 간다. 21세기에 접어들면서 스마트폰이 개인의 분신 같은 존재가 되자 기업뿐 아니라 개인의 데이터가 끊임없이 인터넷을 매개로 세계를 돌아다니게 되었다.

현대사회는 다종다양한 데이터가 넘쳐나고 있다. 인공지능으로 방대한 데이터 자원을 해석하면 비즈니스를 비롯한 많은 분야에 유용한 데이터가 만들어진다. 그러는 동안에도 이익을 낳는 데이터가 전 세계에서 대량생산되고 있다.

데이터는 물자나 서비스를 효율적이고 효과적으로 팔기 위한 디지털 마케팅에만 쓰이는 것이 아니다. 취직이나 전직, 결혼 등에 관련한 매칭 서비스도 손쉽게 제공할 수 있게 되었다. 그리고 자율주행과 첨단 의료의 미래도 데이터의 양과 질이 좌우한다.

모든 사물이 인터넷으로 연결되는 사물인터넷 시대의 제조업은 데이터 활용과 디지털 기술에 의한 경영 개혁으로 경쟁력을 높이는 디지털 트랜스포메이션digital transformation으로 치닫고 있다. 기업 경쟁력의 평가 축을 생각해보면 얼마만큼의 데이터를 가지고 수익으로 연결하느냐가 핵심이 되기도 한다.

개인과 기업의 데이터를 사용해 새로운 비즈니스와 부를 창출하는 이른바 '데이터 경제'가 탄생한 것이다. 그것은 우리가 살아가는 현대사회에서 20세기의 모터리제이션에 버금가거나 그보다 큰 변혁의 파도를 일으키는 것처럼 보인다.

데이터 경제의 성장 속도는 무시무시하다. 미국의 GAFA, 중국의 BAT는 눈 깜짝할 사이에 자동차 비즈니스를 웃도는 존재감을 과시하게 되었다. 수집되는 데이터는 웹사이트의 열람 이력, 소셜 미디어의 대화에 그치지 않는다. 개인의 데이터로 말하자면 스마트폰의 이용 상황으로 파악한 위치 정보에서부터 한 사람 한 사람의 얼굴 모양, 목소리의 특징까지 무엇이든 수집 대상이다.

이런 데이터의 분석은 첩보 영화에 나오는 첩보 기관의 전매특허가 아니다. GAFA 같은 정보기술 기업은 당연히 하고 있고, 앞서 언급한 제조업 외에 금융업, 편의점, 여행사, 레스토랑 체인 같이 주변의 친근한 유통업, 서비스업 다수가 개인 데이터를 분석해 다음 성장에 활용하려 한다.

한편으로 걱정거리가 나날이 늘어나고 있는 것도 사실이다. 우리는 최신 데이터 기술로 편리한 생활을 누리고 생산성을 높이는 대가로 중요한 개인정보를 GAFA에 맡긴다. 자기도 모르는 사이에 사생활 등의 권리가 침해될 우려를 안고 있는 것이다.

"편리하니까"로 끝날 이야기인가

그뿐 아니다. 사소한 개인정보 조각으로 특정 인물의 행동 패턴,

취미와 기호, 속마음까지 탐색하는 '프로파일링'. 개인의 신용도를 점수로 매겨 대출이나 채용에 활용하는 '스코어링'. 빠르게 진화하는 기술에 대한 불안도 지적되고 있다. 비즈니스에 유용하더라도 데이터의 사용법에 따라 새로운 격차 사회가 출현할 수 있다는 우려가 끊이지 않는다.

최신 디지털 기술이나 프로파일링 기법 등을 사용해서 한 나라의 여론마저 조작하는 세계 곳곳의 현실도 위태로워 보인다. 데이터가 가져오는 경제성장과 편리한 사회를 향한 기대는 여전히 크지만 부작용도 더는 무시할 수 없게 되었다.

그 결과 데이터 경제의 출현을 단순히 편리하다는 이유로 손쉽게 받아들일 수 없게 되었다. 우리의 미래를 위해 생각해야 할 것들이 잇달아 나타나고 있다. 밀려오는 변혁의 큰 파도에 맞서 우리는 어떻게 대처해야 할까. 디지털 기술이 진보를 거듭해가는 끝에 나타나는 사회는 어떤 모습이어야 할까. 데이터 경제는 정말로 풍요로운 미래를 약속할 수 있을까.

이런 의문을 정면으로 마주하고 데이터 경제의 최전선을 좇는 시간이 신설 취재반에게 주어졌다. 바로 이 책을 쓴 니혼게이자이신문 데이터경제취재반이다.

취재반은 2018년 초여름, 도쿄 본사 편집국의 편집자와 기자를 중심으로 구성되었다. 전담 구성원은 기업보도부 차장 아베 데쓰야, 법무보도부 차장 우에마쓰 마사시, 기업보도부 기자 가네마쓰

유이치로, 증권부 기자 구리하라 겐타, 경제부 기자 히라모토 노부타카, 사회부 기자 반 마사하루, 기업보도부 기자 데라이 고스케까지 모두 일곱 명이었다.

취재반이 본격적으로 움직이면서 강하게 의식하게 된 것이 데이터 경제를 보도하는 목적과 의의였다. 디지털 기술의 발달과 데이터 경제의 진전이 만들어낸 경제와 사회의 변화를 올곧게 검증하여 밝혀낸 사실을 역사에 남긴다. 그렇게 차곡차곡 진실을 쌓아가는 것이야말로 언론인의 책임을 다하는 첫걸음이 되리라는 확신이 있었다.

그러나 기록만으로 충분할까. 좀 더 파고들어 전할 수는 없을까.

이런 문제의식을 공유한 것은 취재반만이 아니었다. 해외 지국을 포함해 많은 기자와 편집자 그리고 엔지니어가 취재반에 가세하여 취재와 콘텐츠 편집, 제작에 땀을 흘렸다. 특히 국제부 차장 가와이 도모유키, 종합편집그룹 차장 니시오카 다카시, 실리콘밸리 지국장 나카니시 도요키, 미디어전략부 기자 기다 가즈히로, 종합편집센터 기자 야기 유스케, 닛케이혁신연구소 수석 연구원 나카지마 히로토는 취재반보다 더 나으면 낫지 못하지 않은 열정을 쏟아주었다.

그들이 애써주지 않았더라면 데이터 해석, 디지털 표현 기술을 사용하는 '데이터 저널리즘'의 실천, 진짜와 구분하기 어려운 가짜 동영상 '딥페이크'의 제작 등에 도전할 수 없었다. 닛케이BP 산하

'닛케이크로스테크', '닛케이 크로스트렌드', '닛케이 핀테크'의 각 편집부와 협력해 완성한 기사도 있었다.

나는 취재반을 꾸리고 편집 방침을 만드는 일에 관여해왔다. 새삼 취재반의 발족 후를 돌이켜보니 결코 잊을 수 없는 사람들이 있다. 취재반의 지적 호기심을 자극해준 국내외 여러 전문가와 관련 분야 종사자, 기업인, 정책 담당자이다. 풍부한 전문 지식뿐 아니라 데이터 경제에 강한 관심과 흥미를 보이며 많은 실마리를 제공해 주었다. 뉴스 취재와 연재 기사 기획 모두 그들의 협력이 없었다면 진행할 수 없었을 것이다.

지면이 모자라 모두 적을 수는 없지만, 취재반을 뒷받침해준 사람들은 수를 헤아릴 수 없을 만큼 많다. 협력을 아끼지 않은 분들에게 고개 숙여 깊은 감사를 드린다.

기술적 특이점

취재반에 의한 연재 기획 「데이터의 세기」와 인터넷 사회에 관한 일련의 조사 보도는 레이와 원년(2019년 5월 1일~2019년 12월 31일)이라는, 한 시대의 시작을 알리는 해에 일본신문협회상(편집 부문)을 수상했다. 지금까지의 보도로 일정한 성과를 얻은 것인지도 모르지만 데이터 경제의 실상에 얼마나 다가섰을까 생각하면 어쩐지 불안하다.

데이터 경제의 미래가 어디로 향할 것인지 내다보기는 여전히 어렵다. 그뿐 아니라 조금 앞을 생각해봐도 우리 한 사람 한 사람의 인생이 인공지능의 판단과 데이터에 의해 지배되는 시대의 도래를 예상케 하는 뉴스도 나오고 있다. 우리가 보도한 '리쿠나비문제'는 근미래의 전조라고도 할 수 있다.

인공지능이 인류의 지능을 넘어서는 기술적 특이점singularity 이 찾아올 것이라는 예측이 나온 지도 오래되었다. 그 시기가 2045년인지 어떤지는 별개로, 인공지능의 진화는 멈출 줄 모르는 것이 현실이다. 우리는 과거의 인류 이상으로 테크놀로지와의 조화를 생각해야 하는 처지가 되었다.

만일 테크놀로지의 발달이 일으키는 문제를 모르는 채, 혹은 눈을 돌린 채 혜택만을 탐한다면 훗날 큰 보복을 당하고 만다. 이를테면 현대를 덮친 이상 고온, 거대한 태풍을 생각해보자.

18세기에 시작된 산업혁명과 동시에 인류는 에너지 다소비 시대로 접어들었다. 그리고 지금 지구온난화라는 형태로 에너지 자원을 마구잡이로 써온 대가를 우리는 치르고 있다. 그러나 새로운 테크놀로지의 힘에 그저 불안해하고 두려워하면 비약할 기회를 놓치고 만다.

그런 안타까운 미래를 맛본 것이 19세기의 영국이다. 증기기관을 동력으로 하는 증기자동차의 시대에 자동차산업의 주도권을 거머쥘 뻔했다가 결국 독일과 미국에 자동차 대국의 자리를 내주었다. 이어서 가솔린차가 등장한 것만이 이유는 아니다. 영국이 실패

한 한 가지 요인으로 이른바 '붉은 깃발법Red Flag Act'(세계 최초의 도로 교통법이자 시대착오적 규제의 대표적 사례로 꼽히는 법 – 옮긴이)이 있다.

미래를 위한 리얼리즘

붉은 깃발법은 당시 첨단기술인 증기 엔진으로 움직이는 승합버스의 보급을 경계하는 마차 운송업자와 철도회사의 압력을 배경으로 1865년에 제정되었다. 『훨씬 재미있는 자동차의 역사だんぜんおもしろいクルマの歴史』(사카이 겐이치, 2013)에 따르면 최고 속도는 사람이 걷는 것보다 느린 속도로 제한되었다. 시외에서는 시속 6.4킬로미터, 시내에서는 시속 3.2킬로미터를 넘지 않아야 했다.

그게 다가 아니었다. '낮에는 붉은 깃발, 밤에는 붉은 등을 든 사람'이 차를 선도하도록 되어 있었다. 차체가 큰 증기자동차의 접근을 통행인에게 알리기 위해서였다고 하지만 안전을 배려하는 목적이었다 하더라도 너무나 균형을 잃은 규칙이다. 애써 얻은 선진기술도 더 자랄 길이 없었을 것이다.

산업혁명의 모국인 영국은 이때 테크놀로지에 의한 변혁 앞에서 아무런 시도도 하지 않았다. 결과적으로 미래로 나아가는 성장의 싹을 스스로 꺾어버리고 말았다.

데이터의 세기를 살아가는 우리는 어떤 의지를 품고 미래로 나아가야 할까.

세계 각국에서 국가를 뛰어넘는 영향력을 발휘할 수 있는 GAFA

를 규제하는 움직임이 나타나고 있다. 데이터 경제에도 강한 역풍이 될지 모른다. 그럼에도 21세기의 보물창고인 데이터를 다음 성장으로 이어가려고 기업의 경쟁, 국가의 공방은 이전보다 더욱 격렬해졌다. 지금 이 순간에도 테크놀로지의 진화는 계속되고 있다. 이 모든 것이 우리의 내일로 이어져 있다.

사견이지만 현실을 직시하는 리얼리즘이야말로 테크놀로지를 단련하여 올바르게 진보시킨다. 언론인으로서 중요한 사명은 결코 아첨하지 않고 치우치지 않으며, 좋은 점과 나쁜 점을 모두 냉철하게 보도하고 논하는 데 있다. 그것이야말로 우리가 중시해온 자세이기도 하다.

낡은 상식과 관습을 절대시한 나머지 새로운 테크놀로지를 만들어내는 진보주의를 죽여서는 안 된다. 테크놀로지의 발달을 부정하면 문명은 진보를 멈춘다. 그렇다고 테크놀로지의 응석을 받아주기만 해서도 안 된다. 테크놀로지를 제어할 수 있는 것은 우리 인류뿐이다.

지금도 데이터 경제가 불완전하고, 그 성장이 현재 진행형이라는 사실은 누구나 인정할 것이다. 미래를 위한 검증은 아직 끝나지 않았다.

니혼게이자이신문 도쿄 본사 편집국 차장
무루이 마사노리

데이터 만능 시대의 희망과 절망

이 책의 모태는 일본의 대표적인 경제신문 니혼게이자이신문에서 전담 취재반을 꾸려 2018년 4월부터 연재하기 시작한 탐사 기획 「데이터의 세기」이다. 독자들 사이에서도 반향이 컸던 「데이터의 세기」는 데이터를 둘러싼 사회의 여러 모습을 해외 사례를 포함해 다각적으로 소개하고, 기자가 직접 디지털 거래를 시도한 체험 기사로 문제를 제기하는 등 난해한 주제를 일상의 문제로 알기 쉽게 해석하여 전달했다는 평가와 함께 2019년 일본신문협회상을 받았다. 일본 사회의 평가대로 이 책은 21세기의 석유라는 데이터가 부와 가치를 창출하는 데이터 경제의 메커니즘과 현황, 그 빛과 어둠을 충실한 취재를 바탕으로 선명하게 보여주고 있다.

알찬 내용 가운데 아무래도 시선은 '나'라는 개인의 삶이, 일상의 순간순간이 빅데이터의 한 조각이 되어 소모되는 그늘로 향한다. 어느덧 일상을 지배하게 된 GAFA의 위력, 인터넷에 연결되는 순간 침범받기 시작하는 사생활, 허술한 법망을 뚫은 합법적인 절차나 아예 법망을 따돌린 불법적인 경로를 통해 넘어가는 개인 정보…… 하나하나 꼽자면 열 손가락이 모자랄 데이터 시대의 어둠은 이미 한국 사회에도 짙게 드리워져 낯설지 않다. 잊고 살자면 마냥 편하지만 깨닫고 나면 내내 불편한, 그렇다고 저항하기에는 버거운 데이터 만능 시대에 개인의 존엄과 안전은 쉽사리 위협받는다. 사회적 약자나 소수자라면 그 폐해를 더 절박하게 느낄 법하다.

데이터의 힘이 드센 디지털 시대의 최전선을 발로 뛰어 취재한 글을 하나하나 읽으며 빠르게 진화하는 기술, 그 기술을 둘러싸고 세계 곳곳에서 벌어지는 다양한 변화상에 때로는 놀라고 때로는 감탄했지만 한편으로 섬뜩한 공포와 두려움이 일었다. 기술이 진화하고 데이터 경제가 발달할수록 그 빛에 가려진 그늘 역시 점점 더 짙어지지 않을까. 우리 사회는 그 어둠을 옅게 할 준비를 제대로 하고 있을까.

독자로서 이 책을 읽기 시작하여 역자로서 작업을 마무리하는 동안 한국 사회는 데이터 시대의 희망과 절망이 읽히는 두 가지 일대 사건과 맞닥뜨렸다. 바로 코로나19의 세계적 대유행과 이른바

'n번방 사건'의 공론화이다.

코로나19에 대해서는 뛰어난 방역 역량과 재빠른 추적-검사-치료 체계의 확립에 힘입어 성공적으로 대처하고 있다는 평가를 받는다. 특히 도시에서 생성되는 빅데이터를 수집, 처리하는 스마트시티 기술을 활용해 개발한 '코로나19 역학조사 지원 시스템'에 세계의 이목이 쏠리고 있다. '스마트시티 데이터 허브 플랫폼'이라 불리는 대규모 도시 데이터 분석 도구를 기반으로 확진자의 정보 수집과 분석 과정이 전산화, 자동화됨으로써 더 신속하고 정확하게 대처할 수 있게 되었다고 한다.

성 착취 영상을 채팅방에서 유포하고 거래한 일명 'n번방 사건'은 2019년 하반기에 대학생 취재팀 '추적단 불꽃'의 활약으로 세상에 그 실체가 드러났다. 가해자들은 개인정보를 불법으로 빼돌려 신상 공개를 빌미로 피해자들을 협박해 강제로 영상을 제작했다. 그리고 해외에 서버가 있고, 보안 기능이 뛰어난 모바일 메신저에 몇 단계 인증 절차를 거쳐야 입장 가능한 방을 개설해놓고 또 다른 가해자들을 불러모았다. 공급자도 수요자도 성범죄의 가해자인 이 사건에서 현재 경찰의 수사망에 걸린 이는 아직 소수. 들끓는 시민의 분노를 잠재우기에는 수사 속도도, 지금껏 보아온 처벌 수위도 만족스럽지 않다. 분노와 등을 맞대고 절망감이 밀려온다.

데이터의 측면에서 볼 때 코로나19와 n번방 사건은 한국이라는 공동체의 사회적 신뢰와 안전성을 재고할 수 있는 지표가 된다. 같은 개인정보도 확진자의 동선을 파악해 더 큰 지역 감염을 막는 매개물이 되는가 하면 여성을 협박해 성을 착취하는 무기가 되기도 한다. 코로나19의 성공적인 대처로 대외적으로는 한국이라는 브랜드의 가치가 상승하고, 대내적으로도 안정적인 상황이 계속되어 국민으로서 뿌듯함과 자부심을 느끼는 사람이 많다. 하지만 n번방이라는, 생각해보면 처음 있는 일도 아닌 디지털 성범죄와 맞닥뜨리는 공동체의 절반은 늘 주변을 경계하는 불안한 삶을 살 수밖에 없다. 코로나19에 대처하듯 적극적이고 확실한 대책 마련과 법제 정비가 필요한 시점이다.

삶이 데이터가 되고 그 데이터가 돈이 되는 데이터 만능 시대. 기술의 진화와 더불어 시대의 흐름이 가속화될수록 개인정보 유출과 사생활 침해 현상이 심화될 가능성이 크다. 데이터의 세기에 우리 생활은 더욱 편리하고 풍요로워지겠지만, 그 장밋빛 미래를 위해 개인이 희생된다면 본말전도이다. 데이터 만능의 폐해는 줄이고 혜택은 고루 누릴 수 있도록 개인과 기업, 사회와 국가가 데이터의 올바른 활용에 합의를 이루어야 비로소 데이터의 세기가 도래한 의미가 있지 않을까. 개인을 지키면서 편리한 테크놀로지를 만들어가는 것이 데이터의 세기에 필요한 경쟁력을 키우는 진정한 첫걸음이다.

데이터 프라이버시

개인 생활과 사회를 위협하는 기술에 관한 탐사기

1판 1쇄 펴냄 2020년 6월 11일
1판 2쇄 펴냄 2022년 5월 10일

지은이 니혼게이자이신문 데이터경제취재반
옮긴이 전선영
감수 손승현
펴낸이 송상미
펴낸곳 머스트리드북

디자인 오필민 김경진
마케팅 이경희

출판등록 2019년 10월 7일 제2019-000272호
주소 서울시 마포구 월드컵북로 400, 5층 11호(상암동, 문화콘텐츠센터)
전화 070-8830-9821
팩스 070-4275-0359
메일 mustreadbooks@naver.com

ISBN 979-11-970227-0-8 03320

이 도서의 국립중앙도서관 출판예정도서목록(CIP)은 서지정보유통지원시스템 홈페이지(http://seoji.nl.go.kr)와
국가자료종합목록 구축시스템(http://kolis-net.nl.go.kr)에서 이용하실 수 있습니다. (CIP제어번호: CIP2020019642)